25 AVR. 1864

P49N

AF460222

CATALOGUE

D'UNE NOMBREUSE COLLECTION

D'ESTAMPES ANCIENNES

DE TOUTES LES ÉCOLES

PRINCIPALEMENT

De l'École Française du XVIIIe siècle

Pièces imprimées en couleur, Costumes d'incroyables, Caricatures de l'Empire, Pièces historiques françaises depuis Louis XIV à Louis XVI, Sujets et Caricatures sur la Révolution, Vues de Paris, Lithographies modernes;

PORTRAITS

DESSINS & AUTOGRAPHES

Provenant du Cabinet de M. le Docteur AUSSANT, de Rennes

DONT LA VENTE AUX ENCHÈRES PUBLIQUES AURA LIEU

HOTEL DES COMMISSAIRES-PRISEURS

Rue Drouot, n° 5

SALLE N° 3, AU 1er ÉTAGE

Les Lundi 25, Mardi 26, Mercredi 27,
Jeudi 28, Vendredi 29 et Samedi 30 Avril 1864

A UNE HEURE

Par le ministère de **M[e] Charles LAINNÉ**, Comm[re]-Priseur, rue Richer, 49,
Assisté de **M. CLEMENT**, M[d] d'Estampes de la Bibliothèque impériale, rue des Saints-Pères, 3,
CHEZ LESQUELS SE DISTRIBUE LE PRÉSENT CATALOGUE.

EXPOSITION PUBLIQUE

Le Dimanche 24 Avril 1864, de 1 heure à 4 heures.

1864

F19

ORDRE DES VACATIONS

1re *Lundi* 25 *Avril* : Estampes diverses.	n° 1 à 120
— Portraits	207 à 250
2e *Mardi* 26 *Avril* : Ornements, pièces historiques, scènes de la Révolution et topographie	121 à 206
— Portraits	251 à 298
3e *Mercredi* 27 *Avril* : École française du XVIIIe siècle	488 à 567
— Portraits	299 à 350
4e *Jeudi* 28 *Avril* : Suite de l'École française du XVIIIe siècle	568 à 647
— Portraits	351 à 400
5e *Vendredi* 29 *Avril* : Fin de l'École française du XVIIIe siècle	648 à 707
— Portraits	401 à 487
6e *Samedi* 30 *Avril* : Pièces imprimées en couleur, caricatures et vignettes, Dessins et autographes	708 à 848

A la fin de chaque vacation, il sera vendu sous le numéro 842, un grand nombre de lots non catalogués.

CONDITIONS DE LA VENTE

Elle sera faite au comptant.

Les Acquéreurs paieront, en sus des adjudications, CINQ POUR CENT applicables aux frais.

L'Expert aura la faculté de diviser les lots.

DÉSIGNATION SOMMAIRE

ESTAMPES DIVERSES

1 **Audouin** (P.). *Il n'est plus temps !* d'après P. Bouillon. Belle ép. avant la dédicace, avec toutes marges.

2 **Audran** (G.). Les Proportions du corps humain. 30 pl. et texte. — Livre de Pourtraicture de maistre Jean Cousin. *Paris,* 1656.

3 **Baptiste.** Livres de toutes sortes de fleurs, d'après nature, par Baptiste Monnoyer. 16 p.

4 **Beauvarlet.** Les Couseuses, d'après le Guide. Belle ép.

5 **Bella** (Stephano della). Cartouches; Frises; Ornements; Sujets militaires; Paysages; Siége d'Arras, etc. 250 p. Anciennes ép.

6 **Bellangé** Sujets militaires. 28 p.

7 **Bervic** (Ch.-Cl.). L'Enlèvement de Déjanire, d'après le Guide; l'Éducation d'Achille, d'après Regnault. 2 p.

8 **Boissieu** (J.-J. de). 70 p. de son œuvre, tirées sur papier de Chine.

9 **Bosse** (A.). La Mariée reconduite chez elle; la Dame réformée suivant l'édit dernier. 2 p. Belle ép.

10 **Brebiette.** Frises. 29 p.

11 **Callot** (J.). Petite Vue de Paris. Belle ép., avec l'adresse d'Israël.

12 — Misères de la guerre; le Bénédicité; la Noblesse; le Rocher; Sujets de la Passion, etc. 46 p. Anciennes ép.

13 — Tentation de saint Antoine; Misères de la guerre; Mendiants, etc. 100 p. Anciennes ép.

14 — Fantaisies; Caprices; Gobbi, etc. 130 p.

15 — Sujets divers. 250 p. environ.

16 — Siége de Saint-Martin dans l'île de Ré, etc. 14 gr. p.

17 **Chaperon.** Loges, d'après Raphaël. 4 p.

18 **Charlet.** La Garde meurt; le Bivouac; c'est mon Père; l'Insubordination; le Laboureur nourrit le Soldat, etc. 9 p.

19 — Sujets d'albums; l'Allocution. 25 p.

20 **Chauveau.** Vie de saint Bruno, d'après Lesueur. 23 p.

21 **Cochin.** Estampes allégoriques des événements les plus connus de l'histoire de France. 26 p.

22 **Collignon** et autres. Différents Cartouches. 60 p.

23 **Costa.** Vues d'Italie. 40 p.

24 **Coypel, Mignard, De Troy** (D'après). Loth et ses Filles; Pan et Syrinx; Jupiter et Smélé, etc. 8 p.

25 **Crépy** (Chez). Estampes pour le Don Quichotte. 15 p. In-8, obl.

26 **Crozat** (Cabinet). Sujets tirés du cabinet du roi et de M. Crozat. 13 p. dont 2 av la lettre.

27 **Decamps** (Par et d'après). Sujets de chasse ; Marché de Marseille ; le Lièvre et la Tortue ; Bassets ; le Chenil. 10 p.

28 **Delacroix** (D'après E.). Lions ; Arabes de l'Algérie ; Médée ; Jésus au jardin des Oliviers, etc. 15 p.

29 **Delarue**. Divers sujets militaires, inventés et gravés par Delarue. 21 sujets sur 12 feuilles.

30 **Denon**. Sujets de son œuvre. 39 p.

31 — Monuments des arts du dessin, par Denon. 4 vol. in-fol., cart.

32 **Desnoyers** (Baron). Les Trois Vertus. Anciennes ép. avec toutes marges.

33 — **Bervic, Le Roux**. Bélisaire ; Enlèvement de Déjanire ; l'Éducation d'Achille ; la Vierge à l'Étoile. 4 p.

34 **De Troye** (D'après). L'Enlèvement de Proserpine ; la Reine de Saba ; Loth et ses Filles ; Vénus se venge de Psyché, etc. 7 p.

35 **Deveria**. Le Goût nouveau, etc. 36 p.

36 **Dunouy** (A.). Paysages gravés à l'eau-forte 30 p.

37 **Dyck** (D'après Ant. Van). Paul Pontius ; Marguerite de Barlemont ; Isabelle-Claire-Eugénie ; Sch.-A. Bolswert ; Zegerus Van Hontsum ; Béatrice de Cusance ; Paul de Vos, etc. 9 p. Anciennes ép.

38 — Marie de Médicis ; Isaac Mytens ; G. Gevarts ; comte d'Aremberg ; Puteanus ; Thomas de Savoie, etc. 21 p.

39 **Edelinck** (G.). Moïse ; les quatre Cavaliers ; le Bénédicité ; la Peste d'Eaque, par Audran, etc. 7 p. Anciennes ép.

40 — La Madeleine ; saint Charles Borromée, d'après Lebrun.

41 **Ecole Allemande**. 65 p. par Albert Durer, Lucas de Leyde, Aldegraver, Alart Claas et Hollar.

42 **Ecole Hollandaise**. Compositions mythologiques ; Sujets de costumes, par Bloemaert ; les Sadelers, etc. 7 p.

43 — Sujets de l'école hollandaise, dont la Fricasseuse et la Tabagie par C. Vischer ; Ninon de l'Enclos, d'après Metzu ; le Jeu de Piquet, d'après Netscher ; la Danse de village, d'après C. Dusart, etc. 15 p.

44 — Eaux-fortes par K. Dujardin, Berghem, Swanevelt, Waterloo et Both. 54 p. La plupart en anciennes ép.

45 **Ecole Italienne**. Sujets par Bonasone, Farinati et autres. 12 p.

46 **Firens**, *exc.* Les Mois de l'année. 12 p. entourées d'ornements.

47 — Galerie du Palais-Royal, par Couché. 123 p.

48 — Galerie Lebrun. 16 p.

49 **Ghisi** (G.). Portrait de Michel Ange. In-4. Belle ép.

50 — Peintures de la chapelle Sixtine, d'après Michel-Ange. 68 p.

51 — (Les), **E. Vico**, **E. Delaune**, **Baroche**. Angles de la chapelle Sixtine ; Sujets de la guerre des Troyens ; les Grimpeurs ; Aveuglement de saint Paul ; saint François dans la chapelle, etc. 9 p.

52 **Goltzius** (H.). L'Annonciation ; la Visitation ; l'Adoration des Bergers. 3 p. Belles ép.

53 — Et son Ecole. Sujets mythologiques de la fable et costumes. 25 p.

54 **Lagrenée, Mignard** et autres (D'après). L'Occasion favorable ; Pan et Syrinx ; Vénus liant les ailes de l'Amour, etc. 9 p.

55 **Leclerc** (S.). Plafond de la chambre de M. le baron de Tessin ; Costumes, etc. 50 p.

56 **Lépicié** (D'après). Quos ego ; Narcisse et la Mort de Léonard de Vinci, d'après Menageot. 3 p.

56 bis. **Lignon** (Fr.). Sainte Cécile, d'après le Dominiquin. Ancienne et belle ép.

57 **Lioni** (Ottavio). Jean-Laurent Bernini, sculpteur. In 8. Très-belle ép.

58 **Maiotto** (D'après). Divertissement de Venise ; le Français galant. 2 p. par Volpato et Berardi. Belles ép. avec toutes marges.

59 **Montcornet** (B.). Les quatre Saisons ; les quatre Parties du jour ; les Sens ; Portraits de femmes. 27 p. Costumes Louis XIII. Belles ép. avec toutes marges.

60 **Morghen** (R.). La Vierge au Sac, d'après André del Sarte. Belle ép.

61 — Apollon et les Muses, d'après R. Mengs ; la Chasse de Diane, d'après le Dominiquin. 2 p. Belles ép.

62 — **Strange**. Angélique et Médor, d'après Mattemi ; l'Amour endormi, d'après le Guide. 2 p.

63 **Natoire, Van Loo** et **Le Moyne** (D'après). Triomphe de Bacchus ; Toilette de Psyché ; Suzanne et les Vieillards, etc. 13 p.

64 **Norblin**. 82 p. de son œuvre.

65 **Oudry** (Par et d'après). Les Pêcheurs ; la Curée faite ; l'Attaque du Cerf ; la Chasse au Loup ; la Chasse au Sanglier. 5 p.

66 **Oberman** (A.). Animaux gravés à l'eau-forte. 19 p.

67 **Ostade.** Son œuvre gravé à l'eau-forte. 52 p.

68 **Oudry** (J.-B). Sujets de chasse. Suite de 4 estampes (R.-D. 1-4). Très-belles ép. du 2e état, avant l'adresse de *Huquier*, et avant les numéros. Elles ont toutes leurs marges.

68 bis. — (D'après) Sujets tirés du roman comique. 4 p.

68 ter. **Palamèdes** (D'après). Festin espagnol, par Lempereur. Belle ép. avant la lettre.

69 **Parrocel** (D'ap.). Détachement de cavalerie ; Halte des Gardes suisses ; Halte des Gardes françaises. 4 p. par Lebas. Belles ép.

70 **Perrelle**. Paysages. 300 p.

71 **Pierre** (D'après J.-B.). Léda ; Endymion ; Titon et l'Aurore ; Offrande à Priape, etc. 6 p. dont une avant la lettre.

72 — Pyrame et Thisbé ; la tendre Education ; Bacchus et Arianne, etc. 7 p.

73 **Piroli**. Le Jugement dernier, d'après Michel-Ange. 17 pl. In-fol.

74 **Porporati**. Vénus qui caresse l'Amour, d'après Battoni. Belle ép.

75 — Suzanne au bain, d'après Santerre. Belle ép.

76 **P. Potter, Marc de Bye** et **K. Dujardin**, Animaux et paysages. 170 p.

77 **Prudhon** (D'après). Les Saisons ; le Coup de patte du Chat ; les Muses ; Ça brûle, etc. 25 p.

78 **Raphaël** (D'après). Les douze Heures.

79 **Raffet.** Le Réveil ; Ils grognaient ; Ecossaise ; le Fils du brave Canaris ; Sujets d'Albums. 11 p.

80 — Album de 1828 ; Sujets militaires ; le Fils du brave Canaris. 22 p.

81 — Le Fils du brave Canaris ; Sujets d'albums. 20 p.

82 — Histoire de Napoléon. 25 p.

83 **Ribera, les Carrache** et autres. Saint Jérôme ; Silène ; Pan et l'Amour ; Sujets de l'école de Fontainebleau, par L. Daven, D. del Barbière ; Vues de Venise, par Canaletti, etc. 54 p.

84 **Rubens** (D'après). Le Jardin d'Amour, par Lempereur. Belle ép.

85 — Sujets de la galerie du Luxembourg ; Assomption de la Vierge ; Adoration des Mages, etc. 11 p.

86 — Petits Paysages gravés par Bolswert. 8 p. avec marges.

87 — Et **Van Dyck** (D'après). Sainte Famille ; Abraham et Isaac ; le Christ mort, etc. 6 p. Belles ép.

88 — Et **Cl. Vignon** (D'après). Bustes d'après l'antique ; Bustes de philosophes, etc. 32 p.

89 **Sharp** (W.) Thomas Howard, comte d'Arondel, d'après Van Dyck. Belle ép.

90 **Strange** (R.). Charles Ier, en pied, près de son cheval, d'après Van Dyck. Belle ép.

91 **Swanevelt**. Paysages. 55 p.

92 **Titien, C. Maratte, A. Carrache** (D'après). Vénus couchée ; Danaé ; l'Attente du plaisir ; Jupiter et Antiope, etc. 8 p.

93 **Van Loo, Cignani, Lenain** et autres (D'après). Triomphe de Silène ; Adam et Ève ; le Marchand de Corne ; le Repos, etc. 8 p.

94 **Vernet** (D'ap. J.) Ports de France, par Lebas. 17 p. dont plusieurs doubles et la vue de Dieppe avant la lettre.

95 — (C.) Sujets de chasse ; Chevaux ; Marchands, etc. 40 p.

96 — Courses de Chevaux, etc. 14 p.

97 — (H.) Ismaïl et Mariam ; Sujets d'album. 20 p.

98 **Vignon** (D'après C.). Portraits de femmes célèbres. 27 p. In-8.

99 **Wisscher**, *excud.* Tableau de la Vie humaine. Belle ép.

100 **Waterloo**. Paysages. 88 p.

101 **Wierix** et autres. Figures sur la Mort. 9 p.

102 **Wille** (J.-G.). La Mort de Marc Antoine, d'ap. P. Battoni. Belle épreuve avant toutes lettres.

103 — L'Instruction paternelle, d'ap Terburg ; le Concert de Famille, d'ap Schalken. 2 p. Belles ép.

104 — Mort de Cléopâtre ; la Cuisinière hollandaise ; l'Observateur distrait ; petite Écolière. 4 p.

105 **Wouwermans** (D'après). Compositions d'ap. ses tableaux, gravées par Moyreau. 65 p.

106 Marines, par Ozanne et Randon. 72 p.

107 Sujets de plafonds, d'ap. le Brun, Coypel et Mignard. 14 p.

108 Sujets de sainteté, par Mellan et autres ; l'histoire d'Adonis, d'ap. l'Albane, etc. 18 p.

109 Un lot de 30 p. de l'Ecole anglaise, d'ap. Cipriani et autres.

110 Autre lot de 11 p. d'ap. Cipriani et A. Kauffmann.

111 Batailles et Cérémonies de la Chine. 9 p. gravées par Helman.

112 Sujets religieux, d'ap. Raphaël, Murillo et Pinturicchio, dont : la Vierge à l'Etoile, par le Roux ; Sainte-Juste, par Blanchard ; la Vierge à la Chaise, etc. 11 p.

113 Galathée, d'ap. le Dominiquin, de la galerie Aguado, par Blanchard, avant la lettre ; Sainte-Juste, par le même ; Élie et Élysée, d'ap. Overbeck ; la Vierge à l'Étoile, par le Roux, etc. 10 p.

114 Galerie Napoléonienne, d'ap. Isabey et David. 15 p. Ses Généraux, ép. avant la lettre sur chine.

115 Histoire de Napoléon, par Grenier, H. Vernet, Géricault, et autres. 19 p.

116 Lithographies, par Géricault, Bonnington, Hersent, Girodet, L. Robert, Fragonard, A. Johannot et L. Cogniet. 20 p.

117 Lithographies, par Demarne, Pigal, Grenier, etc. 40 p.

118 Sujets militaires, par Swebach, Grenier et Marlet. 14 p.

119 **Chapuy.** Vues de l'église Sainte-Geneviève de Paris. 6 p. Sagesse et Inconduite, par J. David. 12 p. En tout 18 p.

120 Eaux-fortes, tirées de *l'Artiste*. 55 p.

ORNEMENTS, PIÈCES HISTORIQUES

SCÈNES DE LA RÉVOLUTION FRANÇAISE ET TOPOGRAPHIE.

121 **Cuvillier** et **Ranson**. Encadrements de glaces, Panneaux et Fleurs. 24 p.

122 **De Lafosse**. Lits, Trophées et différents Attributs. 60 p.

123 **De Lalonde**. Plafonds, Portes et Meubles. 27 p.

124 **Forty**. Cahier de six Girandoles; cahier de six Flambeaux. 12 p.

125 — Baromètres, Lustres; cahier de six Girandoles, et Orfévreries d'églises. 16 p.

126 **Germain**. Eléments d'Orfévrerie, première partie, 50 p. Très-taché.

127 **Le Pautre**. Cheminées, Plafonds et Frises; sujets religieux, etc. 96 p.

128 **Salembier**. Arabesques; Fleurs, par Ranson; dessins de Voitures. 50 p.

129 Ornements, par Ducerceau, Berain et autres. 40 p.

130 Ornements d'Arquebuserie, par de Lacollombe. 30 p.

131 Modèles de Voitures Louis XV. 58 p.

132 Dessins de Vases Louis XVI. 15 p.

133 Dessins de Vases, par Bouchardon, Percenet et Petitot. 40 p.

134 Vases, par Beauvais, Petitot et Bouchardon. 93 p.

135 Ornements de Décorations Louis XV, par Cuvilliers, Boucher, Lajoue, Meissonnier, Fay, et autres. 95 p.

136 Lot d'Ornements d'architecture et de décoration. 130 p.

137 Lot d'Ornements de décorations, époques Louis XV et Louis XVI. 150 p.

138 Costumes, par Bonnart et Silvestre; Lever d'Aminthe; les Quatre Ages, etc. 9 p.

139 Massacre d'Henri IV, par Bouttats; Massacre des Huguenots; Procession de la Ligue; Triomphe de l'Infante. 4 p.

140 Louis XIII et Anne-d'Autriche sur un char de triomphe, traîné par la Justice. Pièce allégorique rare.

141 Supplice de Damien, exécuté en place de Grève, le 28 mars 1757, pour l'attentat commis contre la personne de Sa Majesté, le 5 janvier dernier.

142 L'Entrée du marquis d'Ambreville, au palais de Pluton; Gargantua et son petit couvert. 2 p. Scènes de mœurs du temps de Louis XIV.

143 Les Cérémonies de la publication de la paix, entre le roi de France et l'Angleterre, l'Espagne et le Portugal, dans les principales places de la ville de Paris. L'ordre, la marche et les cérémonies qui sont observés dans les principales places de la ville de Paris, à la publication de la Paix, le 17 juin 1763. 2 p.

144 Pièces relatives à la Banque de Law. 8 p. dont la Fortune.

145 **Pâris** (Le Diacre). Circonstances principales de sa vie; miracles à son tombeau, son portrait, etc. 46 p.

146 **Walkcheim** (N.). Vie très-croyable des Moines. Caricature contenant sur les moines douze vers dans la marge du bas. Rare.

147 Pièces relatives aux Jésuites : l'Enterrement de Rogomus; extinction de la Société des Jésuites; Expulsion des Jésuites des États du roi d'Espagne; le Crime puni, etc. 20 p. Très-curieuses.

148 Sujets sur les Francs-Maçons. 8 p. dont un brevet.

149 La chute des Filles de Joye entretenues par les traitans et maltotiers. Pièce curieuse du temps de Louis XIV.

150 Phénomène de la basse Courtille ou intérieur du cabaret de Ramponeau. *A Paris, chez Basset, rue Saint-Jacques.* Rare.

151 **Mondhare** (A Paris, chez), grand Concert extraordinaire, exécuté par un détachement des Quinze-Vingts au Café des Aveugles, foire Saint-Ovide, au mois de septembre 1771. Pièce curieuse pour les mœurs et le costume.

152 Le Bacquet de M. Mesmer ou représentation fidèle des opérations du Magnétisme animal.

153 Épithalame du roi Louis XV; l'An 1725, allégorie sur le Mariage de Louis XV avec Marie Lezinska.

154 **Moreau le jeune** (D'après). Statue équestre de Louis XV, dont l'inauguration a été faite à Paris, le XX juin M.DCCLXIII, par Cathelin, in-f°. Rare.

155 **Huet.** L'Heureux jour de la France, allégorie sur le Couronnement de Louis XVI, dessiné par Huet et gravé par Briceau ; Allégorie relative à la naissance de Madame Première de France ; Accouchement de la reine Marie-Antoinette du dauphin de France, à Versailles, le 22 octobre 1781. 3 p.

156 Sacre de Louis XVI, roi de France, 2 p., par Bligny et Berthet; Mariage de Louis XVI avec Marie-Antoinette, d'ap. Desrais; Fontaine des Muses, élevée en mémoire de la protection accordée aux Arts et à la Littérature, par Marie-Antoinette, d'ap. Davy de Chavigné. 4 p.

157 **Cochin.** Pompe funèbre de la Reine de Sardaidaigne, en l'église Notre-Dame. 2 p. à l'eau-forte.

158 — et autres. Pompes funèbres de Philippe V, roi d'Espagne; Charles XI, roi de Suède, par Séb. Leclerc; Sacres de Louis XV, 2 p., par Daudet; de Louis XVI; Feux d'Artifices tirés à Paris, etc. 11 p.

159 Fêtes et Cérémonies, d'ap. Blarenberghe; Watteau de Lille; Feux d'Artifices; vues de Strasbourg, etc. 27 p.

160 Plans et dessins des Constructions et décorations ordonnées par la ville de Paris, pour les réjouissances publiques, à l'occasion de la publication de la Paix, le 12 février 1749. 5 p. in-8 oblong.

161 Fêtes données par M. le baron de Choiseul, ambassadeur de France à Turin, à l'occasion du Mariage de monseigneur le comte de Provence. 18 p.; représentation de la Couronne de Pierreries qui a servi au sacre de Louis XV; autre Couronne qui a servi à la reine pour son Mariage. 2 p.

162 Têtes et Frontispices de la République. 14 p.

163 Sujets des principales journées de la Révolution française, d'ap. Monnet. 15 p. gravées par Helman, avec la description abrégée. Anciennes épreuves avec l'adresse de l'auteur.

164 Tableaux des déclarations des Droits de l'Homme, d'ap. le Barbier, Desrais, Lagrenée, etc. 5 p.

165 Vue de la Procession des Etats Généraux, à Versailles, en 1789; prise de la Bastille; vue du côté oriental de la Montagne élevée au Champ de la Réunion, etc. 6 p.

166 Prise de la Bastille, le 14 juillet 1789, dessiné et gravé par Thévenin.

167 Le Fait n'est que trop vrai; la Populace à Versailles, en 1789; le cardinal de Lorraine bénissant les assassins de la Saint-Barthélemy; la Contre-Révolution, etc. 7 p.

168 Le Peuple de Paris voulant entrer à l'Évêché, le 31 mai 1793; le jeune Désilles, à l'affaire de Nancy; Monument élevé à Bonaparte pacificateur. 3 p.

169 Le Trône de Louis XVI renversé; le duc d'Orléans assis à la Montagne; le Délire patriotique. 3 p.

170 Le Cric de la France; la France éplorée; généreux dévouement de la Garde nationale; le Calculateur patriote; le triomphe de la Montagne; le Peuple français où le régime de Robespierre. 6 p.

171 Caricatures sur la Révolution: Convoi de très-haut et très-puissant seigneur des Abus; Abattement du gouvernement de Louis XV; Mieux vaut tard que jamais; la Réunion fait la force; le Tiers-État. 5 p.

172 Marat à l'immortalité : le célèbre Ami du Peuple est élevé à l'immortalité par le Génie patriotique et par la République, dont il fut le plus zélé fondateur. L'Histoire transmet à la postérité la mémoire de ce Censeur intrépide qui a renversé le fédéralisme et l'intrigue. D'un côté, l'on aperçoit le souterrain qui le mettait à l'abri de la persécution ; de l'autre, le Panthéon, où sa cendre repose au sein de la gloire.

Au dessous sont ces six vers, de Person :

Un complot infernal lui ravit la lumière,
Il n'est plus ; mais son nom vivra
Tant que l'Univers durera.
Républicains ! vous peuplerez la terre ;
Et le sang des brigands pour vous mis en poussière,
Fera fleurir les lauriers de Marat.

A Paris, chez la citoyenne Bergny. Très-rare.

173 Arrestation de Michel Le Pelletier, par Brion ; dernières paroles de Mirabeau, d'ap. Borel, par de Launay. 2 p.

174 Entre deux chaises, le cul par terre, allégorie sur Barras.

175 L'attaque de la Constitution ; Tableau anti-tigrocratique ; le cardinal de Rohan, dit le cardina Collier, allant à Rome ; l'attaque de la Constitution ; Chasse à la grosse bête.

176 Réponse à l'auteur de la Chronique, qui appelle bombe, la bulle du pape, *se vend à Paris, et au Vatican, a Rome, dans l'atelier des foudres du Pape.*

177 Le Triomphe de la Liberté, dédié à la Patrie, par la citoyenne Bergny.
A Paris, chez la citoyenne Bergny.

178 Les Loups faisant la paix avec les Brebis, caricature sur la Révolution.

179 Projet d'un monument à élever à Louis XVI, à l'emplacement de la Bastille; Monument des fondateurs de la République; le Cric de la France, les Douze Tyrans; le Triomphe de la Justice, etc. 17 p.

180 L'Intérieur du Comité Révolutionnaire.
Se vend à Paris, chez la citoyenne Boulet.

181 Tableau de la Révolution française, par Prieur, etc. 27 p.

182 Différentes scènes de la Révolution française. 26 p.

183 Scènes de la Révolution française. 50 petites p.

184 Sujets relatifs à Necker : l'Heureuse administration; la Vertu récompensée; Éloge de la Vertu; le Compte-Rendu, etc. 8 p.

185 Vue et perspective du Jardin de M. Reveillon, fabricant de papier, fauxbourg Saint-Antoine, à l'ancien hôtel de Titon, où se sont faites les expériences de la machine aérostatique de MM. Mongolfier frères, dans le courant de l'été, en l'année 1783, dessiné par Desrais. Rare.

186 Réunion de pièces relatives aux aérostats : Expérience aérostatique faite à Versailles, le 19 septembre 1783, par MM. de Montgolfier. 4 p.; du 21 novembre 1783, au château de la Muette; vues et perspectives de l'aérostat *le Suffren*, lancé à Nan-

tes, en 1784 ; expériences au château de Saint-Cloud, le 15 juillet 1784, par MM. Charles et Robert; expérience faite à Versailles, par M. de Montgolfier, le 19 septembre 1783 ; apparition du globe aérostatique, de M. Blanchard, entre Calais et Boulogne, en 1785, etc. 20 p.

187 Sujets relatifs aux Inventions et aux machines aérostatiques. 16 p.

188 **Peyrotte** (Pinx). Le conseil des Sages, dédié à messieurs les Nouvellistes de l'arbre de Cracovie. Rare.

189 Conquêtes de Napoléon Ier. 15 grandes p., dessinées par Naudet

190 Vue de l'Amphithéâtre anatomique, construit sous le règne de Louis-le-Grand, par les soins et aux dépens de la compagnie Royale des Mes Chirurgiens de Paris, au-dessous est une vue perspective du pont Neuf, dessinée par Ant. Dieu et gravée par Simonneau et Perelle.

191 Vues extérieures et intérieures de l'abbaye de Port-Royal des Champs. 8 p., gravées par Mag. Horthemels.

192 Vues de Paris, par Boisseau ; châteaux de France, par Chastillon. 26 p.

193 **Silvestre** (Is.). Vues de Paris, Châteaux et villes de France. 86 p.

194 — Vues de Paris, de Lyon et d'Avignon. 13 p. avec toutes marges.

195 — Vues de Rome et d'Italie. 50 p.

196 — Divers paysages, mis en lumière par Israël, dédiés à monseigneur Louis de Bourbon, duc d'Enghien. 12 p.

197 **Perelle**. Vues de Paris et Châteaux de France. 20 p.

198 Vues de châteaux de France, par Rigaud. 17 p. épr. coloriées.

199 Petites vues de Paris, en couleur, par Janinet et Campion. 60 p.

200 Doubles du numéro précédent. 11 p.

201 Vues de Paris, par Courvoisier et autres. 50 p.

202 Petites vues de Paris et des barrières, par Martinet et Gaitte. 36 p.

203 Vues de Paris : le Palais-Royal, par Lespinasse ; la place Louis XV, la place Louis XVI, et la salle de l'Opéra, etc. 14 p.

204 Vues d'optique, de Paris et l'étranger. 29 p.

205 Vues des châteaux de Versailles, Brunoy, Choisy, Clagny et Marly. 5 p., par Sylvestre et Aveline.

206 **Lantara** (D'après). Premier livre de vues des environs de Paris, par Le Bas. 11 p.

PORTRAITS

PORTRAITS CLASSÉS PAR NOMS DE GRAVEURS.

207 **Audran** (B.). Henri de Beringhen, gouverneur de Marseille. In-fol. Belle ép.

208 — Fénelon, d'ap. Vivien ; cardinal Fleury, d'ap. Rigaud, par Chereau. 2 portraits in-fol. Belles ép.

209. **Balechou.** Prosper Jolyot de Crébillon, d'ap. Avet. In-fol. Très-belle ép. avec marge.

210 — Charles Rollin, professeur à l'Université de France, d'ap. Coypel. In-fol. Belle ép.

211 **Beauvarlet** et **E. Jeaurat.** Edme Bouchardon, sculpteur, d'ap. Drouais; Nic. Vleughels, peintre, d'ap. Ant. Perne. 2 p. in-fol. Belles ép.

212 **Bervic** (Cl.). Charles Gravier, comte de Vergennes. Petit in-fol. Très-belle ép.

213 **Bloteling** (A.). L'amiral Corneille Tromp, d'ap. P. Lely. In-fol. Belle ép.

214 **Bugey.** Victor-François, duc de Broglie, à cheval, d'ap. Loir. In-fol. Belle ép.

215 **Carmontelle** (De). La malheureuse famille Calas, par Delafosse. Belle ép. avec marge.

216 **Cars** (L.). Allégorie sur Louis XV, d'ap. Lemoine. In-fol. Belle ép. avec marge.

217 **Cars** et **Dupuis.** Michel Augier, sculpteur, d'ap. Revel; Nicolas de Largillière, peintre, d'ap. Guelain. 2 p. in-fol. Belles ép.

218 **Cathelin.** Eon de Beaumont (Charlotte-Geneviève, etc., d'), d'après Ducreux. In-fol. Belle ép. avec grandes marges.

219 — Etienne-François Turgot, d'ap. Drouais. In-fol. Belle ép.

220 **Chevillet.** La jeune Sultane (Mlle d'Hannetaire) pinçant de la harpe. In-fol. Belle ép.

221 **Cochin** (D'ap.). Lemoine fils, J. Dumont, le Romain, G. Coustou, Ch.-P. Coustou, J.-J. Caffiéry, J. Restout, J.-B. Peronneau, Dandré-Bardon. 8 p. in-4. Belles ép.

222 — D'Alembert, Rameau, de Mairan, Lully, P. Cayeux, de Laleu, Brunet de Neuilly, de Lalive de Jully, Beaumarchais, Trudaine, Diderot, de Belloy, prince de Turenne, Ch. Henault. 14 p. in-4. Belles ép.

223 — Ch.-N. Cochin, C.-N. Cochin fils, F. Boucher, E. Jeaurat, L. Cars, J.-S. Chardin, C. Parrocel, J.-Ph. Le Bas, J.-B. Greuze, Mariette et Morand. 12 p. in-4. Belles ép.

224 — J. Vernet, De la Borde, Ch. Duclos, D. Dorat, J.-B. Lully, B. Francklin, A. Haller, J.-B. Pigalle, Slootz, G. Goustou, J.-S. Chardin, Leblanc, Amelot, de Verri. 15 p. in-4.

225 **Colinet.** Portrait de Mme la comtesse de Boufflers, à la manière du bistre.

226 **Daret.** Charles de Laubespine, chancelier de France. In-fol. Belle ép. Rare.

227 **Daret** et **Boissevin.** Portraits de personnages célèbres, hommes et femmes, sous les règnes de Louis XIII et Louis XIV. 150 p.

228 **Daullé** (J.). Jean Mariette, graveur et libraire, d'ap. Ant. Pesne. In-fol. Belle ép. avec marges.

229 — J.-B. Rousseau, d'ap. Aved; Cl. Gendron, d'ap. Rigaud. 2 p. in-fol. Belles ép.

230 **De Larmessin** (N.). Stanislas Ier, roi de Pologne, d'ap. Van Loo. In-fol. Très-belle ép.

231 **Desplaces.** Marguerite Becaille, veuve de Maximilien Titon, d'ap. Largillière. In-fol. Très-belle ép.

232 **De Launay** (N.). Jean-François de Troy, d'ap. Aved ; Sébastien Leclerc, d'ap. Nonnotte. 2 p. in-fol. Très-belles ép. avant la lettre, avec toutes marges.

233 **Drevet** (Les). J.-B. Bossuet, évêque de Meaux, d'ap. Rigaud. Pet. in-fol. Belle ép. avant les points; elle a plusieurs trous de vers et elle est doublée.

234 — La même portrait. Ancienne ép.

235 — Guillaume cardinal Dubois, archevêque de Cambray, d'ap. Rigaud. In-fol. Très-belle ép.

236 — Charles Gaspard de Vintimille, d'ap. Rigaud. In-fol. Très-belle ép.

237 — René-François de Beauvau, archevêque de Narbonne, d'ap. Rigaud. In-fol. Très-belle ép.

238 — Cardinal de Noailles, cardinal Dubois, d'ap. Rigaud. 2 p. in-fol. Belles ép.

239 — Armand-Gaston de Rohan, d'ap. Rigaud. In-fol. Très-belle ép.

240 — Jean-Paul Bignon, abbé de Saint-Quentin, d'ap. Rigaud. In-fol. Très-belle ép.

241 — Louis-Hector, duc de Villars, maréchal de France, d'ap. Rigaud. In-fol.

242 — Philippe de Courcillon, marquis de Dangeau, d'ap. Rigaud. In-fol. Belle ép.

243 — Robert de Cotte, célèbre architecte, d'ap. Rigaud. In-fol. Très-belle ép.

244 — Nicolas Boileau-Despréaux, d'après Rigaud. In-fol. Belle ép.

245 — Adrienne Lecouvreur, d'ap. Ch. Coypel. In-fol. Très-belle ép. avec marge.

246 — Marie, duchesse de Nemours, d'ap. Rigaud. In-fol. Belle ép.

247 — Marie Cadesne, femme de M. Desjardins, d'ap. Rigaud. In-fol. 2 ép. dont une avant la lettre.

248 — Marie de Laubespine, femme de Nicolas Lambert; Marie, duchesse de Nemours. 2 port. in-fol. d'ap. Rigaud. Belles ép.

249 — Hélène Lambert, Elisabeth de Gouy, femme de Rigaud; Mme Lebret. 3 pet. in-fol., d'ap. Rigaud.

250 — Hippolyte de Béthune, évêque de Verdun; Léonard Delamet, curé de Saint-Eustache. 2 p. in-fol., d'ap. Rigaud. Belles ép.

251 — Jean-Paul Lillienstedt, supérieur du tribunal de Weimar, d'ap. Schild; Christian Guldenleu, d'ap. Rigaud; Christophe Steiger, conseiller de la république de Berne, d'ap. Hubert. 3 port. in-8. Belles ép.

252 — Hyacinthe Rigaud, cardinal Fleury, Boileau. 3 port. in-8, d'ap. Rigaud.

253 — Charles-Nicolas Colbert, archevêque de Rouen; Léonard Delamet, Robert de Cotte. 3 port. in-fol., d'ap. Rigaud. Belles ép.

254 — Louis XIV et Louis XV, d'après Rigaud; Louis XVI, par Bervic, d'ap. Callet. 3 port. gr. in-fol.

255 **Duflos** (Cl.). Jean Berain, célèbre architecte, d'ap. Vivien. In-fol. Très-belle ép. avant la lettre. Rare en cet état.

256 **Edelinck** (Gérard). Bossuet, d'ap. Rigaud. In-fol. Belle ép. du premier état, avec marges.

257 — Hardouin Mansart. d'ap. Vivien. Belle ép.

258 — Desjardins, d'ap. Rigaud. In-fol. Très-belle ép.

259 — Jean-Baptiste-Michel Colbert, archevêque de Toulouse, d'ap. Largillière; Nicolas Blampignon, curé de Saint-Merri de Paris, d'ap. Vivien. 2 p. in-fol. Belles ép.

260 — Blaise Pascal, René Descartes (1er état); Savary. 3 port. in-fol. Belles ép.

261 — Nicolas Feuillet, chanoine de Saint-Cloud, d'ap. Campar; J. Hardouin Mansart, architecte, d'ap. Vivien. 2 p. in-fol. Belles ép.

262 Meslay (Jean Rouillé, comte de), Moreri, Jean-Paul Bignon, abbé de Saint-Quentin. 3 p. in-fol. Belles ép.

263 — Frédéric-Léonard et Charles d'Hozier, d'ap. Rigaud; Jacques, prince de Galles, d'ap. de Troye. 3 p. in-fol. Belles ép.

264 — Michel Le Tellier, Ant. Furetière, Savary. 3 p. petit in-fol.

265 — Ferdinand, évêque de Paderborn; Jacques Savary; maréchal Gassion; Claude Berbier du Metz. 4 p. petit in-fol.

266 — Fagon; René Descartes (1er état); Bossuet; Fléchier; Savary. 5 p. in-4 et in-8. Belles ép.

267 — Nicolas Verien; Jacques II, roi d'Angleterre. 2 p. in-8. Belles ép.

268 **Edelinck** (Gaspard). Georges-Paul de Mauleuvrier-Langeron, abbé général de l'Ordre de Saint-Antoine, d'ap. de Lamare. In-fol. Belle ép.

269 **Edelinck** (Nic.). Le père Nicolas Malebranche, prêtre de l'Oratoire. In-fol. Belle ép. avec marge.

270 **Falck** et **Landry**. Achatius de Przylek Przylecki, d'ap. Schultz; Casimir Leo Sapieha. 2 p. in-fol. Belles ép.

271 **Ficquet** (Et.). Lafontaine, d'ap. Rigaud, gravé pour une édition des fables. Belle ép. au ruisseau blanc.

272 — La Fontaine, Regnard, Voltaire, Descartes, Chennevières, Vadé, Eisen et Cicéron. 8 p. in-8.

273 — Descartes, Voltaire, J.-B. Rousseau. 3 p.

274 **Gaillard** (R.). Louise, Ulric, Frédérique, Wilhelmine de Prusse, d'ap. Latinville. In-fol. Belle ép. avec marges.

275 **Giffart** (P.). Françoise d'Aubigné, marquise de Maintenon, d'ap. Petitot. In-fol. Superbe ép.

276 **Grignon**. César, duc de Vendôme, d'ap. Mignard. In-fol. Très-belle ép.

277 **Habert** (N.). Michel Lasne, graveur. In-4. Belle ép.

278 **Koning**. Laurent Coster, inventeur de la Typographie, d'ap. Van Campen. In-fol. Très-belle ép.

279 **Horthemels** (M.). Elisabeth-Charlotte, palatine du Rhin, duchesse d'Orléans, d'ap. Rigaud. In-fol. Belle ép. avec marge.

280 **Huret** (Gr.). Allégorie sur le cardinal Mazarin; à la gauche est son portrait sur un piédestal. In-fol. obl.

281 **Lasne** (M.). Pierre Corneille. In-4. Rare.

282 **Lépicié.** Philibert Orry, contrôleur général des finances, d'ap. Rigaud. In-fol. Très-belle ép.

283 — Charlotte Desmares. In-fol. Très-belle ép. avec toutes marges.

284 **Leu** (Th. de). Gabrielle d'Estrées, Louis d'Orléans ; Henri de Lorraine, duc de Guise ; Charles de Lorraine ; Henri de Montmorency ; François de France, duc d'Anjou ; cardinal de Birague ; duc de Mayenne ; cardinal de Guise ; Marguerite de Valois ; Henri III ; Louise de Lorraine ; Pierre Charron, par L. Gautier ; Louis XIII, par A. Bosse. 14 p. in-8.

285 **Massard** (J.). Louis XVI et Marie-Antoinette jeunes. 2 petits portraits dans des médaillons in-12. Très-belles ép. avec grandes marges.

286 **Massard** (J.) et **Muller**. Nicolas de Livry, d'ap. Toqué ; J.-J. Wille, graveur. 2 p. in-fol. Très-belles ép.

287 **Masson** (Ant.). Pierre Dupuis, peintre de fleurs, d'ap. Mignard ; G. de Brisacier. 2 p. in-fol. Belles ép.

288 **Mellan** (C.). Nicolas Coeffetau, d'ap. Dumonstiers. In-fol. Belle ép.

289 — N. Fouquet, ministre et surintendant des finances. In-fol. Belle ép. avant la lettre.

290 — Henriette-Marie de Buade ; Henri-Louis Habert de Montmor. 2 p. in-fol.

291 **Mondé.** Narcisse, nain de Mme la duchesse de Chartres, d'ap. De Lorme. In-fol.

292 **Morin** (J.). Cardinal Bentivoglio, d'ap. Van Dyck. In-fol. Belle ép.

293 — Saint Charles-Borromée, d'ap. Ph. de Champagne. In-fol. Belle ép.

294 — Antoine Vitré, d'ap. Ph. de Champagne. In-fol. Belle ép.

295 **Muller** (J.-G.). Louise-Élisabeth Vigée Le Brun, d'après elle-même. In-fol. Très-belle ép. avec marge.

296 — J.-G. Wille, d'ap. Greuze. In-fol. Très-belle ép. avant l'adresse de l'auteur à Stuttgard.

297 — Le même portrait. Belle ép. avec l'adresse.

298 — Jean-George Wille, d'ap. Greuze. Pet. in-fol. Belle ép. avec toutes marges.

299 **Nanteuil** (R.). Beaumanoir de Laverdin, évêque du Mans (34). Très-belle ép. du 1er état.

300 — Bailleul (Louis de), président à mortier au parlement de Paris (27). Très-belle ép. du 1er état, avec marge.

301 — Charles II de Gonzague, duc de Mantoue (62). Belle ép. avec marge.

302 — Nicolas Chaubart, conseiller au parlement de Toulouse. (64). Belle ép. avec marges.

303 — Louis XIV. 153. Très-belle ép. du deuxième état.

304 — Poncet (Pierre), conseiller d'État (215). Très-belle ép. du 1er état.

305 — La Vrillière (Louis-Phelypeaux de), secrétaire d'État (123). Très-belle ép. du deuxième état, avec marge.

306 — La Mothe le Vayer, Voiture. 2 p. in-fol. et in-4. Belles ép.

307 — Marin (Denis), intendant des finances ; Guénégaud, secrétaire d'Etat. 2 p. Belles ép.

308 — Cardinal Barberini, Pomponne de Bellièvre, Hardouin de Péréfixe, Le Coigneux, Mazarin, Loménie de Brienne, Potier de Novion, Th. de Nermond, L. Goyon de Matignon, Louise-Marie de Gonzague, Voiture, P. Lallemant, Le Pautre, Le Vayer. 14 p. in-fol.

309 — Duc d'Enghien, Lamoignon, Poncet, Phelypeaux, Le Tellier, abbé Molé, etc. 19 p. Plusieurs sont coupés.

310 **Nattier** (D'après). Mme de *** (Mme de Pompadour) en Flore, par Voyez le jeune. In-fol. Belle ép. avec marge.

311 — Mme d'*** en Hébé, par Maleuvre. In-fol. Très-belle ép. avant la lettre.

312 **Petit** (G.). Arnaud de Pompone, abbé de Saint-Médard, d'ap. Vanloo. In-fol. Belle ép.

313 **Plate Montaigne.** Barthélemy (Vincent), avocat consultant à Rethel (19). Belle ép.

314 **Poilly** (N.). Mlle de Montpensier en costume de Minerve. In-fol. Belle ép.

315 — Gaston d'Orléans. In-fol. Belle ép.

316 **Poilly** (J.-B.) et **Surugue.** Corneille Van Clève, peintre, d'ap. Vivien; Simon Guillain, sculpteur, d'ap. Coypel. 2 p. in-fol. Belles ép.

317 **Rousselet.** Le cardinal de Richelieu assis dans son cabinet. In-fol. Très-belle ép.

318 **Sadeler.** Charles de Longueval, comte de Buquoy. In-fol. Très-belle ép.

319 **Sarrabat** (J.). Alexandre Boudan, imprimeur du roi, d'ap. Lefèvre; Pierre de Laroche, mousquetaire du roi, d'ap. Tourhière. 2 p. in-fol. gravées à la manière noire.

320 **Savart** (P.). Antoinette de La Garde Deshoulières, d'ap. E. Cheron. In-8. Très-belle ép.

321 — Abbé de Livry, avant la lettre.

322 — Fénelon, Richelieu et Turenne, par Demarcenay. 3 p.

323 **Saint-Aubin** (Aug. de). Adrienne Sophie, marquise de *** (Boufflers); Louise Émilie, baronne de *** (Breteuil). 2 jolis portraits in-4. Belles ép.

324 **Schmidt** (G.-F.). Maurice Quentin de La Tour, d'ap. lui-même. In-fol. Très-belle ép.

324 bis. **Schmid, Drevet, Cathelin.** L'abbé Prevost; Louis, prince de Dombes; Monseigneur de Tressan; Francklin. 4 p. In-fol.

325 **Schmutzer.** (Ch.-C.). W.-E. Dietricy, d'ap. lui-même. In-fol. Très-belle ép. avant la lettre.

326 **Van Schuppen** (P.). Louis dauphin, d'ap. De Troy. In-fol. Très-belle ép.

327 — François Vander Meulen, célèbre peintre, d'ap. Largillière. In-fol. Très-belle ép.

328 — Nicolas Colbert dans un médaillon, d'après Ph. de Champagne. In-folio obl. Très-belle ép.

329 — Louis-Marie-Allemand de Simianes de Gordes, comte de Lyon, d'ap. Lefèvre. In-fol. Très-belle ép.

330 — Pierre de Monchy, prêtre de l'Oratoire. In-fol. Très-belle ép. avec grandes marges.

331 — Henri, archevêque de Cologne, d'ap. Bertholet. In-8. Très-belle ép.

332 **S. Silvestre, Daullé, Wille.** Duc de Bourgogne; Gendron; Maurice de Saxe. 3 p. in-fol. Belles ép.

333 **Tardieu** (J.). Marie, princesse de Pologne, reine de France et de Navarre, d'ap. Nattier. In-fol. Belle ép. avec marge.

333 bis. **Tassaert.** Charlotte Corday coiffée d'un chapeau et tenant un poignard. Au milieu de la marge du bas est la scène de l'assassinat de Marat, d'ap. Hauers. In-fol.

334 **Thomas.** Le comte de Saint-Germain, célèbre alchimiste. In-fol. Très-belle ép. avec toutes marges.

335 **Trouvain.** Jean Pesne, peintre et graveur; le Poussin, par Pesne. 2 p. In-fol. Belles ép.

336 **Vangelisti.** Charles Graviers, comte de Vergennes, ministre d'État, assis dans son cabinet, d'ap. Callet. In-fol. Très-belle ép. avant la lettre avec de la marge.

337 — Le même portrait. Ép. avec la lettre.

338 **Verité.** Michel Lepeletier Saint-Fargeau; J.-P. Marat, les deux premiers martyrs de la liberté. 2 p. in-fol. Belles ép. avec toutes marges.

339 **Wille** (J.-G.). Maurice de Saxe, d'ap. Rigaud. In-fol. Très-belle ép.

340 — Pierre de Guerin de Tencin, cardinal-archevêque de Lyon, d'ap. Parocel. In-fol. Très-belle ép.

341 — Neufville (François-Louis-Anne de), maréchal de France, d'ap. Jean Chevalier. In-fol. Très-belle ép. avec marges.

342 — Charles, prince de Galles; Jean-Baptiste Massé, peintre. 2 p. in-8, d'ap. Tocqué. Belles ép.

343 — Frédéric II, roi de Prusse, d'ap. Pesne; J.-B. Massé, d'ap. Tocqué. 2 p. in-fol. Belles ép.

PORTRAITS DIVERS

344 Généalogie des Rois et Reines de la maison de Bourbon, depuis saint Louis à Louis XIII. Grande pièce en largeur. Rare.

345 Henri III; Henri, duc de Montmorency; Louis XIII; Cl. Marot; François Ier; Th. Corneille; cardinal du Perron, etc. 22. p. in-fol. et in-8.

346 Louis XIII; Richelieu; président de Maisons; Louis d'Orléans; cardinal Chigi; Guillot-Gorut, comédien, etc. 28 p. in-fol.

347 Louis XIV, Louis XV et princes du sang. 25 p. in-4 et in-8.

348 Louis, dauphin de France; duc de Bourgogne; César de Vendôme; Louis XIV; comte de Toulouse; duc de Berry; duc de Bourgogne, etc. 26 p. in-fol., par Drevet et autres.

349 Philippe, Régent de France; duc d'Enghien; duc de Bourgogne; comte de Toulouse; Louis XIV; Louis, Dauphin de France, etc. 12 p. in-fol., par Drevet, Edelinck et autres.

350 Louis XV en pied, en buste et à cheval; Louis, dauphin de France; Louis XVI. 14 p. in-fol.

351 Louis XV, par Wille et Petit; Louis, Dauphin de France, par Thomassin et Aubert. 6 p. in-fol.

352 Différents petits portraits de la famille royale de France, depuis Louis XIV à Louis XVI. 40 p. in-8.

353 Portraits in-8, par Daret, Moncornet, Prieuvre et autres, 36 p.

354 Charles de Neufville, archevêque de Lyon; Nicolas de Neuville, duc de Villeroy; Nicolas de Harlay; Achille de Harlay, etc. 8 p. in-fol., par Van Merlen.

355 Michel Letellier; Titon Dutillet; Fleuriau d'Armenonville; Hanyvel de Crevecœur; J.-B. Boyer d'Aguilles, etc. 8 p. in-fol., par Poilly et autres.

356 Colbert; Boyer d'Aguilles; Jean Delpech; F. Godefroy; M. de Verthamont; C. Perrichon; N. Lambert, etc. 12 p. in-8.

357 Ch. de Lorraine, prince de Vaudemont; Duguay-Trouin; Louis Godefroy; comte d'Estrades; maréchal de Villeroy; maréchal de Saxe; comte d'Harcourt, etc. 15 p. in-fol.

358 Jacques de Lamothe-Houdancourt; Beringhem: maréchal de Noailles; Pardaillan de Gondrin; Louis de Melun; prince d'Épinoy; prince de Vaudemont; Henri de Lorraine, marquis de Moy; Jean Bart; Saint-Aignan, etc. 10 p. in-fol.

359 Boileau; Tavernier, Collot; Ad. Valois; Th. Bignon; Cambout de Pontchateau; V. Conrart; Lefèvre de Caumartin; Ant. Le Maistre; L. Boucherat; Danglebert; Bayle, etc. 22 p. in-fol.

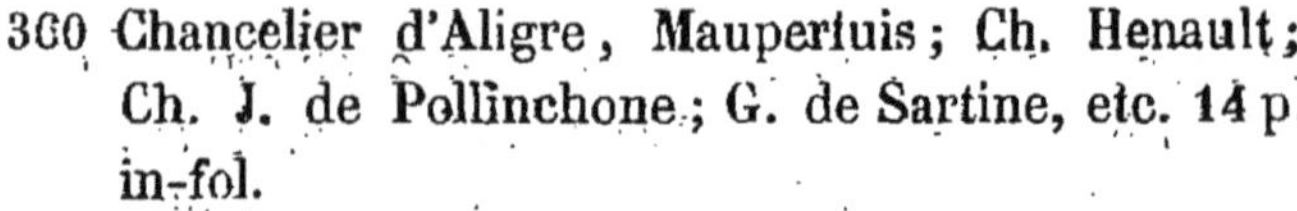

360 Chancelier d'Aligre, Maupertuis; Ch. Henault; Ch. J. de Pollinchone; G. de Sartine, etc. 14 p. in-fol.

361 Samuel Bernard, par Drevet; Paris de Montmartel, par Cathelin; Pierre His, négociant à Hambourg. 3 p. gr. in-fol.

362 Bossuet; G. de Vintimille; cardinal de Polignac; cardinal Fleury; Nicolas Chanlotte, abbé de Cîteaux; Ch.-Nic. Colbert; cardinal de Rohan; cardinal de Noailles; l'abbé Maury. 10 p. in-fol., par Drevet et autres.

363 G. de Pontchateau, général de l'ordre de saint François de Tours; Ant. Furetière; abbé Bignon; Ch. Rollin; Renaudot; B. Secousse; H. Chauvelin; Blampignon, etc. 12 p.

364 Ch. Coffin; Cl. Capperonnier; J. Maury; O. de Brianville; abbé Pernot; Santeuil; Ant. Arnaud, etc. 18 p. in-8.

365 Cardinal Fleury; Potier de Gesvres, évêque de Bellay; Jean de Soanen; Maurice Le Tellier; Tubières de Caylus; cardinal de Polignac; Ch. Joachin Colbert; Joseph-Marie Terray; l'abbé Maury, etc. 12 p. in-fol.

366 J. de Soanen, évêque de Senez; J.-P. Lecamus, évêque de Bellay; cardinal Fleury; Mazarin; Cardinal de Noailles; Bossuet, etc. 14 p. in-fol.

367 De Brun de Castellane; Pardaillon de Gondrin; maréchal de Catinat; maréchal de Luxembourg; Colbert; Molière; La Bruyère; La Mothe-Houdancourt; Daguesseau; Crébillon; Th. Corneille; Duquesne, etc. 19 p.

368 L'abbé Sicard; Bernardin de Saint-Pierre; Barthélemy; monseigneur de Belloy; de La Rochefoucauld-Liancourt, introducteur de la vaccine; Paisiello, etc. 17 p.

369 Duc et duchesse de Berry; duchesse d'Angoulême; Louis XVIII; duc de Richelieu; généraux de l'Empire, etc 25 p.

370 H. Spondanus; Lallemant; Camille de Neuville; M. Lemasle; Ant. Cousturier; Paul Beurrier; Ch. Loménie; de Brienne, etc. 20 p. in-fol., par Mellan, Daret et autres.

371 Cardinal de Rohan; l'abbé Pluche; Leclerc de Juigné; J. Bruté; Legris-Duval; F. Brocas, etc. 13 p. in-fol.

372 J. Colbert; Ant. d'Apchon; Bossuet; cardinal Fleury; G. de Vintimille; J. Clémens; Pierre de La Broue, etc. 23 p. in-fol.

373 Fr. du Plessis; cardinal de Rohan; G. d'Orléans; L. de Rastignac; J. Languet: Bossuet; J. de Roquette; P. Guernel; Baudrand; P. de Marca; Furetière, etc. 20 p. in-fol.

374 Arnaud; cardinal d'Estrées; Bayle; J. Gastaud; J. Lizot; N. Nivelle; Moreri; G. de Montmorin; Ant. Godeau; N. de Péréfixe, etc. 20 p. in-fol.

375 Bayle; Santeuil; Fr. Duplessis; Charles de Bourbon; Ch. de Beaumont; Louis Maimbourg; Jean Desmoulins; Ph. de Lamel, etc. 20 p. in-fol.

376 M. de Marolles; Thomassin; P. Quesnel; Letellier; Marduel; J.-B. Elie; P. Bignon; Lemaître de Sacy, etc. 33 p. in-8.

377 Fr. Paris; F. Arnaud; cardinal de Tencin; Fr. Lebloy; Fr. Gaultier; J. de Montillet, archevêque d'Auch; J. Languet; S. Galland; Cardinal de Bernis; P. Chauvier; Desmarets; Perussault; Ant. Jacquier, etc. 15 p.

378 Bourdaloue; Père Lachaise; L. Thomassin; Duvergier de Hauranne; N. Petitpied; J. Sismondi; Saint Vincent de Paul; Henri de Sponde; Ant. Perier; Philamarinus; R. Revoir; Gr. de Laforge; Alex. du Buc; P. Mercier, etc. 17 p. in-fol.

379 Paul Bignon; Alex. du Buc; J. Sirmondius; Henri de Sponde; Bouthillier de Rancé; Duvergier de Hauranne; G. Marigner; Et. de Caulet; Jansenius; Bayle; J. Duguet; Th. de Lavalette, etc. 16 p. in-fol.

380 Bossuet, cardinal Fleury, J. Hamon, P. de la Broue, H. de Quinqueran, Ad. Baillet, Fénélon, abbé Bignon, Arnaud, etc. 26 p. in-fol.

381 Maréchal de Belle-Isle, comte d'Estaing, J.-J. Rousseau, J.-J. Wille, C. Vanloo, L. Cars, marquis de Breteuil, Duguay-Trouin, Dargenville, Henri de Crandjean, Rouillé d'Orfeuil, comte d'Aguay, etc. 16 p. in-fol. et in-4.

382 Hue de Miroménil, Ant. Petit, Le Cat, Ant. Portal, Ch. Richer, J. Raulin, Nicolas de Paris, Gilbert des Voisins, Cendron, Latude, J.-J. Rousseau, etc. 22 p. in-fol. et in-8°.

383 Diderot, D'Alembert, Francklin, comte de Buffon, comte de Vergennes, Verniquet, etc. 11 p. in-fol. et in-4.

384 Comte de Vergennes, Perronnet, Helvétius, Diderot, D'Alembert, comte de Buffon, marquis de Miromesnil, N. Restif, etc. 12 p. in-fol. et in-4.

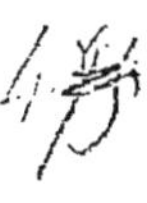

385 Court de Gebelin, Dupaty, Suffren, Lafaye, Tourville, Voyer d'Argenson, Bette d'Etienville, Marmontel, comte de Trésian, comte de Buffon. 10 p. in-4.

386 Francklin, Washington, Gilbert des Voisins, de Parcieux, J. Bruté, Riper de Monclar, Turgot, etc. 12 p. in-4.

387 Bergasse, Cagliostro, François Laplanche, Bailly, Necker, Lepeltier Saint-Fargeau, etc. 18 p. in-fol. et in-4.

388 Grétry, Lempereur, de Parcieux, de Troplong, P. A. de Suffren, J. Brutté, Fontenelle, Mesmer, Chauvelin, Beaumarchais, Buffon, etc. 8 p. in-4.

389 L. Cars, L. Royllet, Bourgelat, J.-B. Greuze, J.-J. Flipart, le comte de Buffon, Diderot, D'Alembert, Francklin, N. Greené, Soufflot, etc. 15 p. in-fol. et in-4., dont 4 avant la lettre.

390 Bette d'Etienville, duc de Broglie, Dubourg, Paulmy d'Argénson, maréchal de Berwick, de Parcieux, D'Alembert, Ch. de Troplong, etc. 20 p. in-4.

391 D'Alembert, marquis de Breteuil, comte d'Aranda, comte de Buffon, Mme Macauley. 5 p. in-fol. Belles ép.

392 Francklin, Linguet, comte d'Estaing, Leclerc de Juigné, Lamoignon, Malherbes, comte de Maurepas, Baumé, Trincano, Delalande, L. Moreau, Mesmer, Imbert de Lonnes, Hélvetius, Ant. Thomas, etc. 20 petits p. in-4 et in 8°.

393 Ch. Colardeau, Fréron, P. Hévin, prince de Montbarey, comte de Vergennes, Regnaud de Montlozier, Marmontel, de Belloy, Cassanea de Mondonville, E. Bosquillon, Chénier, Chapelle, Helvétius, Cluck, Rameau, etc. 20 petits p. in-4. et in-8° Belles ép.

394 Diderot, comte d'Estaing, duc de Nivernois, Lavergne de Tressan, Guérin de Frémicourt, Lapeyrouse, maréchal Gontaut Biron, marquis de Saint-Auban, prince de Montbarey, marquis de Monteynard, baron de Fages, Chevert, Buchan, J.-B. Bertin, duc de Choiseul, A. Turgot, comte de Maurepas, comte de Vergennes, Jean Lenoir. 20 p. in-4 et in-8°. Belles ép.

395 Duc de La Rochefoucauld, Favard, maréchal d'Estrées, maréchal de Coëtlogon, Turenne, Molière, Lafontaine, Tourville, Lowendal, maréchal de Villars, duc de Broglie, Sully, Miroménil, Raynal, etc. 20 p. in-8° et in-4.

396 Maréchal de Lowendal, Maurice de Saxe, comte d'Estaing, duc de Richelieu, tombeaux de J.-J. Rousseau, du marquis Du Belloy et du maréchal de Saxe, etc. 12 p. in-fol.

397 Comte de Breteuil, le Normant de Tournehem, mausolée du maréchal de Saxe, marquis de Beringhen, Potier, duc de Gesvres; Phelypeaux, comte de Maurepas; etc. 14 p. in-fol.

398 Fouquet de Belle-Isle, comtesse d'Estrées, Louis dauphin de France, maréchal de Biron, comte d'Estaing, apothéose de Francklin, allégorie sur Louis XV. 12 p. in-fol.

399 Duc de Choiseul, maréchal de Béringhen, Ph. Orry, Maurepas, Potier, duc de Gesvres, Mirabeau. 6 p. in-fol. Belle ép.

400 Racine, Lafontaine, J.-J.-Rousseau, Raynal, Crébillon, Voltaire, etc. 20 p. in-fol., in-4 et in-8°.

401 Petits portraits de poëtes et auteurs français, par Ingouf, Gaucher et autres. 28 p. in-8°.

402 Descartes, Saint-Evremond, Moreri, Racine, les Réformateurs, etc. 30 p. in-8°.

403 Différents portraits et caricatures de Voltaire. 24 p. in-fol., in-4 et in-8°.

404 Portraits de personnages pour les œuvres de Voltaire. 25 p. in-8°, par A. Saint-Aubin.

405 Portraits d'écrivains célèbres et auteurs des XVIIe et XVIIIe siècles. 16 p. in-4. avec marges.

406 Carle Van Loo, Ant. Coypel, J. Nocret, Ch. Coypel, E. Jeaurat, E. Lesueur, peintres. 6 p. in-fol.

407 Rogers de Piles, J.-B. Oudry, L. de Boullogne, L. Pécour, H. Rigaud et A. Coypel, peintres. 6 p. in-fol.

408 Bon de Boullogne, Louis de Boullogne, Collin de Vermont, N. Bertin, J. Nocret, peintres. 5 p. in-fol.

409 Louis de Boullogne, Carle Van Loo ; J. Dumont, le Romain ; J. Detroy, L. Galoche, 5 peintres, 5 p. in-fol.

410 F. Desportes, H. Rigaud, L. de Boullogne, Cl. Hallé, J. Aved, J. Restout, peintres. 6 p. in-fol.

411 H. Rigaud, F. Verdier, F. Jeaurat, Carle Van Loo, Michel Van Loo, L. Tocqué, peintres. 6 p. in-fol.

412 E. Jeaurat, Ch. de Lafosse, J. Parrocel, L. M. Van Loo, peintres. 4 p. in-fol.

413 Rogers de Piles, Joseph Christophe de Verdun, Joseph Vien, Ant. Coypel, N. Bertin, F. Verdier, peintres. 6 p. in-fol.

414 Fr. Boucher, J. Vernet, J.-B. Oudry, Louis Tocqué, peintres. 4 p. in-fol.

415 J. Rœttiers, graveur ; Ant. Houasse, peintre ; R. le Lorrain, A. Jaillot, R. de Cotte. F. Castanier. 6 p. in-fol.

416 Sébastien Leclerc, graveur ; Balechou, graveur ; Grimoux, peintre ; Ant. Coyzerox, Pœrson et R. le Lorrain, sculpteurs ; R. de Cotte, architecte ; Jaillot, géographe. 8 p. in-fol.

417 Ch. Pœrson, Fr. Girardon, N. Coustou, C. Vanclève et Baron, sculpteurs ; J.-J. Balechou, graveur ; N. Delaunay, directeur des monnaies ; Ch. Coypel, peintre. 8 p. in-fol.

418 Rigaud, Coypel, Lebrun, Wouwermans, S. Vouet, Ph. de Champagne, etc. 14 p. in-8°.

419 Charmois, Girardon, Restout, Bélidor, etc. 16 p. in-fol.

420 Séb. Leclerc, J. Parrocel, P. Puget, S. Belle, N. Tardieu, F. Chereau, N. Verien, J.-Ph. Lebas, Callot, Odieuvre. 13 petits portraits d'artiste, in-8°. Belles ép.

421 Portraits de comédiens : Lekain, Préville, Fr. Molé, et autres. 11 p. in-fol., in-4 et in-8°.

422 Portraits de comédiennes : Adrienne Lecouvreur, Mlle Pélissier, Mlle Duclos, Mlle Clairon, Silvia, etc. 7 p. in-fol. Belles ép.

423 Portraits de comédiennes : Mlle Pélissier, Catherine de Seine, Mlle Colombe et autres. 18 p.

424 Portraits de comédiennes du XVIIIe siécle : mesdemoiselles Rosalie Levasseur, Lescot, Rosalie Duplant, Raucour, Dutey, Clairon, Colombe l'aînée ; de Saint-Huberti. 9 jolis p. in-4. Belles ép. avec marges.

425 Gabrielle d'Estrées, Marie Stuart, Anne d'Autriche, Henriette de France, etc. 11 p.

426 Anne d'Autriche, Marie des Ursins, duchesse de Montmorency, Mme Lumague, fondatrice de la maison des filles de la Providence de Dieu ; Anne Martinozzi ; Julie de Villeneuve de Saint-Vincent, Madame de Pompadour, etc. 19 p. in-4 et in-8.

427 Marie-Thérèse, duchesse de Montpensier, duchesse de Savoie, Marie-Jeanne-Baptiste de Savoie, madame de Montespan, madame de Maintenon, duchesse de Bourgogne, duchesse de Parme, Louise-Henriette de Bourbon-Conti ; Marie-Louise-Gabrielle de Savoie, reine d'Espagne ; 18 p. in-4. et in-8°.

428 Mme de Sévigné, comtesse de Grignan, Mme de Genlis, Mme Deshouilères, Mme Duchâtelet, Charlotte-Catherine de la Trémoille, Mlle Solar de la Boissière, etc. 12 p. in-4. et in-8°.

429 Mme Heylot, Jeanne d'Arc, Adélaïde Lusignan de Champignelles, princesse Galitzin, comtesse de la Motte. Isabelle de Montmorency, Chevalière d'Éon, etc. 20 p. in-8°.

430 Élisabeth-Sophie Chéron, Mme Aved, H. Rigaud et sa femme, Catherine Mignard, Élisabeth de Gouy, Maria Serre. 6 p. in-fol.

431 Madame du Barry, 5 diff. p. Mme de Pompadour, 2 p. Mme du Boccage, Ninon de l'Enclos, Mme de Fontanges. 10 p. in-4 et in-8°.

432 Marie Lezinska, reine de France. 12 diff. portraits d'après Van Loo, in-fol., in-4 et in-8°.

433 Marie Lezinska, Catherine Opalinska, Marie Joseph de Saxe, Marie-Thérèse d'Espagne, Louise-Henriette de Bourbon-Conti, etc. 9 p. in-fol.

434 Marie-Thérèse, reine de Hongrie; par Petit, Dupin et autres. 6 p. in-8°.

435 Portraits de Français illustres, gravés par Vangelisty et autres. 39 p. in-4, avec toutes marges.

436 Portraits de Français illustres, par Ponce. 36 p. in-fol.

437 Un lot de 50 p. de différents formats, dont Molière, Boileau, Louis XIV, Crispin, etc.

438 **Necker**. Portraits par Saint-Aubin; à la plume, par Matainville et autres. 6 p. in-fol. et in-4.

439 — par Saint-Aubin, Lebrun, Lebeau, Delaunay et Gaucher. 19 p. in-fol. in-4 et in-8°.

440 — par Saint-Aubin, Delaunay, Dambrun, Audouin, Lebeau, etc. 12 p. in-fol., in-4. et in-8°. Belles ép.

441 Louis XIV et Marie-Antoinette dans des médaillons entourés d'allégorie, d'après Moreau le jeune, par Lemire, in-fol., 2 p. Belles ép.

442 Louis XVI, par Sullin, d'après Van Loo, Lebeau, Massard et Saint-Aubin. 4 p. in-4. Belles ép.

443 Louis XVI. Différents portraits dont un avec la scène de l'exécution. 7 p. in-fol.

444 Louis XVI, Marie-Antoinette et le Dauphin, par Saint-Aubin ; Mme Royale, 8 différents portraits ; le Dauphin, Louis XVII, 3 portraits. 14 p. in-8°.

445 Marie-Antoinette, par Levasseur, Duponchelle. Dupin et Masquelier. 4 p. in-fol. Belles ép.

446 Marie-Antoinette, par Dupin, Lebeau et autres. 8 p. in-fol.

447 Marie-Antoinette. Différents petits portraits. 19 p. in-8°.

448 Trois petits médaillons coloriés sur une feuille ; parmi est le buste de Marie-Antoinette. Rare.

449 Comte de Provence et le duc de Chartres, par Cathelin ; comte d'Artois, par Boizot et Cathelin. 5 p. in-fol. Belles ép.

450 Louis-Joseph de Bourbon-Condé, duc d'Orléans, comte d'Artois, comte de Provence, etc. 12 p. in-fol. et in-8°.

451 Duc d'Orléans ; Charles Philippe, comte d'Artois; Louis-Stanislas de France, comte de Provence ; prince de Comdé ; duc de Bourbon ; Charles-Emmanuel, prince de Piémont ; etc. 11 petits portraits in-8°. Belles ép.

452 Mme Elisabeth, par Mlle Boizot; comtesse d'Artois, par Lebeau, Hubert et Dambrun. 7 p. in-4 et in-8°.

453 Mme Elisabeth, par Lebeau, 3 p. ; comtesse d'Artois, comtesse de Provence, par Hubert et Massard. 7 petits p. in-8°.

454 Marie-Adélaïde de France, par Dambrun, Housman et Voyez ; Mme Elisabeth, par Hallier ; duchesse de Bourbon, par Dupin ; comtesse d'Artois, par Hubert. 6 p. in-8°.

455 Portraits des personnages relatifs au procès du collier, 12 médaillons sur une feuille in-fol., *se trouve à Tours et à Orléans, chez les sieurs L'Etourmy, libraires.*

456 Portraits de personnages relatifs au procès du collier. 18 p. in-4. publiés chez Basset.

457 Portraits relatifs au procès du collier. 12 p. in-4. coloriés, plus 2 f. de 8 portraits.

458 Lepeltier Saint-Fargeau, 4 p. par Vérité, Montaland; dont 2 coloriées.

459 Marat. Portraits par Beisson, Vérité et autres. 9 p. in-fol., in-4 et in-8°.

460 Marat, par Vérité, Alais, Montaland. 5 p. in-fol., in-4. et in-8°.

461 Mirabeau. 4 portraits in-8°, par Vérité, Audouin et Beisson.

462 Condorcet, comte de Montmorency, Mirabeau, Gauchet Delisle, Necker, Delpech, Mongins de Roquefort, Beaulieu, Isidor Agasse, J. Pétion, Quinette, Bergasse, Bailly, Lafayette, Mirabeau, Marat, Chalier. 22 p. in-8° et in-4.

463 Vandernoot, Bartélemy, Vadier, Grégoire, Dubois Grancé, J. Chalier, Garran, Maury, Sièves, Lepeletier, Mirabeau, etc. 25 p. in-8°.

464 Députés à l'Assemblée constituante. 35 p. in-8° coloriés.

465 Portraits de personnages de la Révolution française, par Duplessis-Bertaux. 50 p. in-fol.

466 Portraits de la Révolution française, dessinés par Dumontier. 79 p. in-8°.

467 Portraits de personnages de la Révolution française. 119 p. in-4.

468 Portraits des généraux vendéens. 15 p.

469 Napoléon. Différents portraits imprimés en couleur. 8 p.

470 Napoléon. Différents portraits en pied et à cheval. 10 p. in-fol.

471 Napoléon. Différents petits et grands portraits. 17 p.

472 Portraits de Marie-Louise et de la reine Hortense. 10 p.

473 Portraits anglais : Georges Ier, Georges II, Georges III, prince Edouard Stuart, Reine Charlotte, Richard Maitland, Thomas Howard, Fr. Drack, Abel Boyer, etc. 17 p. in-fol., in-4. et in-8°.

474 Jacques III et Guillaume III, rois de la Grande-Bretagne. 2 p. in-fol.

475 Portraits relatifs à l'histoire d'Angleterre, d'après Vander Werff, par Gunst. 100 p. in-8°.

476 Portraits anglais. 90 p.

477 Portraits autrichiens : François Ier, Joseph II. Portraits suédois, etc. 25 p.

478 Portraits espagnols: Philippe IV, Philippe V, Charles III, don Juan d'Autriche, Henri, comte de Berghe ; etc. 18 p.

479 Portraits flamands, hollandais et allemands. 86 p.

480 Portraits hollandais et allemands: Amélie de Solms, princesse d'Orange, par G. Delphe; Anne-Adélaïde, princesse de Tassis; J. Vondel; Ridinger; Ch., comte Palatin; J. Coclemans, Luther et Calvin en pied, Copernic; Ferdinand, duc de Brunswig, etc. 20 p.

481 Portraits italiens : dont Ferdinand de Toscane, Cosme de Médicis, cardinal Bellarmin, Princes de la maison de Gondy, Michel-Ange, Tintoret, J. Romain, Canova, Princes de la maison de Bragance, etc. 50 p.

482 Portraits de Papes : Clément X, Clément XI, Clément XIV, Alexandre VIII, Urbain VIII, Pie VI, Pie VII, etc. Cardinaux : Rospigliosi, Bellarmin, d'Est, Columna, etc. 23 p.

483 Portraits polonais et russes : Auguste III, Stanislas Ier, Marie-Josèphe de Saxe, Pierre le Grand, Paul Ier, Alexandre Ier, etc. 30 p.

484 Portraits russes : Catherine II, Marie Fœdorowna et autres. 10 p. in-8.

485 Portraits de la maison royale de Prusse : Grand Frédéric, Frédéric III, Princes, etc. 30 p.

486 Gluck, par Saint-Aubin et Miger; Haydn, par Benoist; Gessner. 5 p. in-4 et in-8.

487 Richard Cosway, Maria Cosway, Mme Le Brun. 3 p. in-4.

ÉCOLE FRANÇAISE DU XVIIIe SIÈCLE

488 **Aubry** et **de Fraine**. La reconnaissance de Fonrose ; l'Acte d'humanité. 2 p. par de Launay.

489 **Baudouin** (D'après). Le Coucher de la Mariée, par Moreau le jeune. Belle épr.

490 — Les Quatre Parties du Jour, quatre estampes gravées par E. de Ghendt. Belles épr.

491 — La Soirée des Tuileries; l'Escalade. 2 p. Belles épr.

492 — Le Modèle honnête, par J.-M. Moreau le jeune. 2 épr. à l'eau-forte et avec la lettre.

493 — Rose et Colas; le Danger du tête-à-tête. 2 p., par Simonet. Belles épr.

494 **Baudouin, Le Brun, Queverdo** et autres (D'après). Les Amours champêtres; les Amants surpris; les Plaisirs d'automne; le Maître de musique; la Déclaration d'amour; les Accords de mariage. 12 p.

495 **Baudouin, Fragonard** et autres (D'après). Le poëte Anacréon; la Félicité villageoise; les Baignets, etc. 15 p.

496 **Binet** (D'après). Le Plaisir de la pêche; la Nourrice élégante. 2 p. Belles épr.

497 **Boilly** (D'après). La Rose défendue, par J. Eymar. Rare épr. avant la lettre.

498 — Poussez ferme; Ah! ah! qu'Il est Sot; le Cadeau; qu'Elle est Gentille. 4 p.

499 — Prélude de Nina; la Crainte mal fondée; l'Optique; le Cadeau; le Sommeil de l'Innocence; l'Etude du dessin, etc. 11 p.

500 — Le Sommeil trompeur; le Réveil prémédité; l'Amour musicien; la Douce Impression de l'harmonie; qu'Elle est Gentille, etc. 12 p.

501 — On la tire aujourd'hui; la Douce Résistance; la Serinette; l'Amant musicien; Prends ce biscuit; les Femmes se battent; les Hommes se disputent, etc. 12 p.

502 **Boucher** (F. d'après). Le Berger et la Bergère. Rare ép. avant la lettre.

503 — Diane et ses Nymphes au bain. Rare ép. avant la lettre.

504 — Vénus se préparant pour le Jugement de Pâris; le Trait dangereux. 2 p. Belles ép.

505 — Vénus entrant au bain ; Vénus sortant du bain. 2 p. Belles ép.

506 — Vénus sur les eaux ; le Mariage de Psyché et l'Amour. 2 p.

507 — Silvie guérit Philis de la piqûre d'une abeille; l'Amour ranime Aminte dans les bras de Silvie. 2 p. de forme ronde. Belles ép. avec marges.

508 — La Musique pastorale ; les Amusements de la campagne. 2 p. faisant pendant, par Daullé. Belles ép. avec marges.

509 — La Baigneuse surprise ; les Plaisirs de l'été. 2 p. gravées par Daullé. Belles ép.

510 — Le Départ du Courrier ; l'Arrivée du Courrier ; 2 p., par Beauvarlet. Belles ép.

511 — Les Douceurs de l'été. Belles ép.

512 — Le Matin ; le Soir ; l'Après-Dînée (c'est le portrait de Mlle Sallé), d'après Fenouil. 3 p.

513 — Le Sommeil ; le Réveil. 2 p., par Huquier.

514 — Etudes de femmes couchées. 3 p., par Huquier.

515 — Groupes d'Enfants, par F. Boucher, gravés par Aveline, Huquier et de Larue. 4 cahiers de 6 pl. Il manque la 6e feuille du 4e cahier.

516 — Différents sujets d'amours. 20 p.

517 — Les Quatre Éléments représentés par des groupes d'enfants, par Cl. Duflos. 4 p. Belles ép. avec marges.

518 — Quatre sujets tirés de la vie de l'Amour.

519 — Pensent-ils au raisin ; Silvie fuit le loup ; les Charmes de la Vie champêtre; Aminthe et Silvie. 4 p.

520 — Les Plaisirs de l'Été ; Angélique et Médor ; l'Obéissance récompensée ; la Belle Villageoise ; les Sabots ; Jupiter et Léda. 6 p.

521 — Les Bergers à la fontaine ; le Pasteur complaisant ; la Fontaine d'amour ; le Colin-Maillard ; la Bascule ; la Confidence. 6 p.

522 — Les Grâces au bain ; les Muses Erato et Clio ; la Confidence pastorale ; la Poésie ; Vénus tranquille, etc. 8 p.

523 — La Marchande de modes ; la Voluptueuse ; l'Enlèvement d'Europe ; la Mort d'Adonis, etc. 12 p.

524 — Différentes Etudes de têtes de jeunes filles, etc. 14 p.

525 — L'Attention dangereuse ; la Rêveuse ; la Jeune Bergère ; la Pêche ; la Confidence et le Billet doux, etc. 12 P.

526 — Le Berger indiscret ; la Fontaine ; le Panier mystérieux ; la Fécondité ; Vénus et les Amours, etc., 21 p.

527 — La Bergère avec sa flûte ; les Amours pastorales, etc. 18 p.

528 — Livre d'académies dessinées d'après le naturel, par Huquier. 12 p.

529 — Grands Panneaux d'ornements et décorations. 10 p.

530 — **Boucher, Saint-Aubin** et autres (D'après). Vignettes et sujets divers. 60 p.

531 **Bouchardon** (D'après). Les Cris de Paris, etc. 27 p.

532 **Borel** (D'après). L'Innocence en danger, par Huot. Belle ép. avec marges.

533 — L'Indiscret, par Dequevauviller. Belle ép.

534 — L'Amour puni par Avril. Très-belle ép. avec marge.

535 — Vous avez la clef... mais il a trouvé la serrure ; La faute est faite, permettez qu'il la répare. 2 p., par Anselin. Belles ép.

536 **Borel, Jeaurat, Carême** et autres (D'après). Le Philosophe charitable ; la Couturière ; les Aveux indiscrets, etc. 14 p.

537 **Canot** (D'après). Le Maître de danse ; le souhait de bonne année. 2 p. par Le Bas.

538 **Challe** (D'après). Les Amants trahis par leurs ombres ; le Curieux. 2 p. gracieuses.

539 — Quand l'Hymen dort l'Amour veille, par Maucler.

540 — Le Premier Mouvement de la nature ; le Premier Baiser de l'Amour ; l'Élysée ; le Rocher de Meillerie. 4 p. gravées par A. Legrand.

541 **Challe** et **Fragonard** (D'après). Le Modèle disposé ; la Nuit ; le Premier Baiser de l'Amour ; les Amants trahis par leurs ombres, etc. 7 p.

542 **Challe, Le Prince** et autres (D'après). Morts de Didon, Cléopâtre et Lucrèce ; la Lettre envoyée ; le bât, etc. 9 p.

543 **Challe** et **Morland** (D'après). Le Modèle disposé ; les Amants trahis ; la Jeune Pensionnaire ; la Belle Pénitente ; la Toilette pour le bal masqué. 12 p.

544 **Challe, Vangoorp** et autres (D'après). Le Modèle disposé ; la Curiosité punie ; Ils sont d'accord ; le Moraliste, etc. 20 p.

545 **Chardin** (D'après). Le Négligé ou Toilette du matin, par Le Bas. Très-belle ép.

546 — L'Econome, par Le Bas. Belle ép.

547 — L'Amusement utile, par J. Flipart. Belle ép.

548 — Le Chat au fromage, par Dupin ; la Fillette de Bon appétit. 2 p.

549 Le Principe des arts ; l'Amusement utile. 2 petites estampes, par C. Maginel.

550 **Chardin** et **Jeaurat** (D'après). La Rôtisseuse ; le Négligé ou Toilette du matin ; la Coquette ; la Savante ; la Dévote ; l'Econome. 9 p.

551 **Cochin** (D'après). Allégories sur Louis XVI et Marie-Antoinette, par de Longueil. Belles ép. 2 p.

552 **Cochin, Desrais** et autres (D'après). Concours pour le prix de l'étude des têtes et de l'expression, le Fossé scrupule ; la Chute favorable ; la Réflexion ; la Déclaration ; l'Amant accepté, etc. 12 p.

553 **Courtin, Raoux, Natoire** et autres (D'après). Les Apprêts du bal ; la Lettre intéressante ; les bulles de savon ; Vénus et l'Amour ; l'Amour en cage ; la Savante ; la Becquée. 7 p.

554 **Courtin, Coypel** et **Raoux** (D'après). Vertume et Pomone; l'Ecureuil; les Bulles de savon; l'Application à l'étude; la Fausse Liberté; la Belle Rêveuse; Judith, 8 p.

555 **Coypel** (D'après). L'Amour prêtre, par Lépicié. Belle ép. avec grandes marges.

556 **Coypel, Grimoux, De Troye** (D'après). Daphnis; l'Espagnol; Tête de Jeune Homme; Jeune Femme prenant son café. 4 p.

557 **Coypel** (Les, D'après). Vénus sur les eaux; Jeu d'Enfants; le Bain de Diane; la Toilette de Vénus, etc. 13 p.

558 **Coypel** (D'après). Histoire du célèbre Don Quichotte de la Manche, 22 p. gravées par Surrugue, Joullain et autres. Belles ép. avec marges.

559 **Crespy**. La Suivante commode; à bon Chat bon Rat. Deux jolis sujets faisant pendant, curieux pour le costume et l'intérieur.

560 **Desfossés** (D'après). La reine Marie-Antoinette annonçant à Mme de Bellegarde des juges et la liberté de son mari, par J. Duclos. Belle ép.

561 **Drouais** (D'après). Les Enfants du comte d'Artois, par Beauvarlet. Jolie ép. avec marge.

562 **Eisen** (D'après). Le Jour et la Nuit. 2 p. gravées par Patas. Belles ép.

563 — La Vertu sous la garde de la Fidélité; les Désirs satisfaits. 2 p. par Patas. Belles ép.

564 — La Malice enfantine; la Jolie Charlatane; le Beau commissaire; Amusement de la Jeunesse. 4 p.

565 — Le Printemps; l'Eté; le Soir; la Vendange; l'Hiver. 5 p. dont deux avant la lettre.

566 — Le Comète; le Tric-Trac; le Beau Commissaire, etc. 9 p.

567 **Flipart** (J.). Allégorie sur le mariage de Louis XV et de Marie Lezinska; d'après Slodz. in-fol. Belle ép.

568 **Fragonard** (P.). L'Armoire. Ancienne ép.

569 **Fragonard** (D'après). Les Hasards heureux de l'Escarpolette, par de Launay. Belles ép.

570 — Les Jeunes Sœurs, par Vidal. Belles ép avec marge.

571 — Offrande à l'Amour. Rare ép. avant la lettre.

572 — La Fontaine d'amour, par Regnault. Belle ép. avant la lettre.

573 — Fontaine d'amour, par Audebert.

574 — Le Verrou, le Contrat. 2 p. par M. Blot, Belles ép. avec marges.

575 — La Bonne mère; le Serment d'amour. Deux sujets de forme ovale faisant pendant. Belles ép.

576 — Le Petit Prédicateur; les Baignets. 2 p. par de Launay.

577 — La Famille du Fermier, par Beauvarlet. Belle ép.

578 — La Gimblette; la Fontaine d'amour. 2 p. Belles ép.

579 — L'Armoire; l'Instant désiré; le Baiser dangereux; s'Il m'était aussi Fidèle; les Regrets mérités; le Pot au lait. 6 p.

580 — La Déclaration; la Famille du fermier; s'il m'était Fidèle; le Chiffre d'amour, etc. 9 p.

581 **Fragonard** et **Lallie.** L'Inspiration favorable; le Messager fidèle. Deux sujets faisant pendant, par Halbou.

582 **Fragonard**, **Carême**, **Lawrince**, **Baudouin** et autres (D'après). Le Baiser dangereux ; le Baiser rendu ; Dernières paroles de Jean-Jacques Rousseau ; Valmont et la présidente Tourvel ; la Pupille, etc. 12 p.

583 **Freudeberg** (d'après). La Soirée d'hiver ; le Coucher. 2 pièces. Belles épr. avant les nos.

584 — La Félicité villageoise ; la Gaieté conjugale. 2 p., par de Launay. Belles épr. avec marges.

585 — Le Coucher ; les Adieux du laboureur ; le Musicien du hameau ; l'Heureux moment. 4 p.

586 **Gérard** (D'ap. Mlle). Le premier pas de l'enfance, par Vidal. Belle épr.

587 — Les premières caresses du jour ; le Présent ; Je m'occupe de vous ; L'Enfant chéri ; l'Espoir du retour, etc. 6 p.

588 — Le Présent ; C'est pour lui que je les rassemble ; le premier pas de l'enfance, etc. 8 p.

589 — **Greuze** (J.-B.). La Philosophie endormie (c'est le portrait de Mme Greuze). Pièce gravée à l'eau-forte par le maître et terminée au burin par Aliamet. Rare épreuve à l'eau-forte et avant la lettre.

590 — (D'ap.). Les premières Leçons d'amour, par Voyer l'aîné. Très-belle épr. avant la lettre, avec marges.

591 — La petite Fille au chien, par Porporati. Belle épreuve.

592 — Jeune Fille pleurant son oiseau mort, par Flipart. Très-belle épr. avec grandes marges.

593 — L'Offrande à l'Amour, par Macret. Belle épreuve.

594 — Les Fermiers brûlés. Pièce gravée au burin et à l'eau-forte, par de la Live. Rare.

595 — La Mère en courroux; le Repentir. 2 pièces gravées par Moitte. Belles épr. avec marges.

596 — Paul, comte de Stragonoff, par Le Grand. Belle épr.

597 — La Cruche cassée, par Massard; la Laitière, par Levasseur; les premières Leçons d'amour, par Voyez l'aîné. 3 p. Belles épr.

598 — Le Père consolé, par Le Cars; Retour de nourrice; le Ramoneur; le Donneur de sérénade. 4 p.

599 — L'Accordée de village, par Flipart. Belle épr.

600 — L'Accordée de village; Exemple d'humanité; le Fils ingrat; Divertissement d'une famille villageoise; la Dévotion sacrée au logis; la Piété filiale. 6 p.

601 — Le Repentir; la Mère en courroux; la Prière à l'Amour; le Tendre désir; la Belle pénitente, etc. 8 p.

602 — Le petit Napolitain; la Frileuse; la Soucieuse; Diane; Calisto; la petite Nanette; la petite Mère; la jeune Nourrice; la Musique, etc. 12 p.

603 — Costumes napolitains; le Silence; l'Amant regretté; Thaïs ou la pénitente, etc. 28 p.

604 — L'Exemple d'humanité; la Belle-Mère; la Malédiction paternelle; le Fils puni, etc. 10 p.

605 **Grimou**, **Carême**, **Danloux**, **Lagrenée** et **Julien** (D'ap.). L'Espagnol ; le Baiser napolitain ; Je t'en ratisse ; Punition de l'Amour ; l'Amour maternel ; les Sentiments religieux. 6 p.

606 **Grimou**, **Courtin**, **Vanloo** et autres (D'ap.). Le Buveur ; Porcie ; l'Amour menaçant ; Flore ; L'amour maternel ; la Comète, etc. 17 p.

607 **Ingouf** (D'ap.). Zémire et Azor, gravé par Ingouf jeune. Belle épr. avec marge.

608 **Ingouf**, **Deshayes**, **Baudouin** et autres (D'ap.). Zémire et Azor ; la Fidélité surveillante ; le Billet doux ; l'Indiscret, etc. 15 p.

609 **Jeaurat** (D'ap. E.). Enlèvement de police ; les Aveux indiscrets ; le Carnaval des rues de Paris ; le Transport des filles de joie à l'hôpital. 4 p. Belles épr.

610 **Jeaurat**, **Raoux** et autres (D'ap.). Le transport des filles de joie à l'hôpital ; le Satyre complaisant ; Bethsabée au bain, etc. 9 p.

611 **Lancret** (D'ap. N.). Composition champêtre : au milieu, un berger jouant de la musette devant deux jeunes femmes, par S. Silvestre. Rare.

612 — Berger jouant de la musette ; le Baiser ravi à la bergère. Deux pièces par S. Silvestre. Belles épreuves.

613 — Le Concert champêtre, charmante composition gravée par S. Silvestre. Très-belle épreuve avec marges. Rare.

614 — Le Jeu de cache-cache mitoulas, par de Larmessin. Belle épr. avec grandes marges.

615 — Le Jeu de colin-maillard, par Cochin. Très-belle épr. Rare.

616 — Les Quatre parties du jour, par M. Horthemels. Suite de quatre estampes. Belles épreuves avec marges.

617 — Le Midi; l'Eau; l'Adolescence; A femme avare, galant escroc; le Concert champêtre. 5 p.

618 — Le Printemps. Rare Epr. à l'eau-forte.

619 — Le Théâtre italien; la Musique champêtre; les Agréments de la campagne, etc. 13 p.

620 **Lancret** et autres (D'ap.). Sujets tirés des Contes de La Fontaine. 10 p.

621 **Lancret**, **Boucher** et **Vleughels** (D'ap.). Sujets tirés des Contes de La Fontaine : les Oyes de frère Philippe; le Gascon puni; A femme avare galant escroc; le petit Chien qui secoue des pierreries; la Courtisane amoureuse; le fleuve Scamandre. 7 p., par de Larmessin. Très-belles épreuves.

622 **Laubert** (D'ap.). L'Age agréable, par Le Vasseur. Joli portrait de femme dédié à Mme la *marquise de Coutances*.

623 **Lawrince** (D'ap.). Les Sabots, par Masquelier. Rare épr. avant la lettre.

624 — Le Concert agréable, par Varin. Belle épr.

625 — Le Restaurant. Belle épr. avec marges.

626 — La Soubrette confidente, par Vidal. Belle épreuve.

627 — Les Nymphes scrupuleuses, par Vidal. Belle épreuve.

628 — La Consolation de l'absence, par de Launay. Ancienne épr. avec marges.

629 — Les Offres séduisantes, par Delignon. Belle épreuve.

630 — Le Roman dangereux, par Helman. Rare épr. à l'eau-forte.

631 — L'Accident imprévu ; la Sentinelle en défaut ; Deux sujets faisant pendant, par d'Arcis. Belles épr. avec marges.

632 — Valmont et la présidente de Tourvel ; Mistress Merteuil et miss Cecille Volange. Deux sujets tirés des *Liaisons dangereuses*, gravés par R. Girard. Belles épr. avec toutes marges.

633 **Lawrince, Baudouin, Queverdo** et autres (D'ap.). Le Billet doux (deux épr. dont une à l'eau-forte); Qu'en dit l'abbé? L'Amant victorieux. la Comparaison ; Finissez ! l'Innocence en danger. etc. 9 p.

684 **Lawrince, Fragonard** (D'ap.). Les Apprêts du ballet ; la Chute agréable ; le Moment agréable. 3 p. gracieuses.

635 **Le Beau**. La Réalité du plaisir ; la Partie d'œufs frais. Deux sujets de forme ovale faisant pendant. Belles épr.

636 — Le danger des bosquets, d'après Tanche. Jolie composition de forme ronde, représentant une jeune fille en costume Louis XVI piquée par un aspic. Très-belle épr. avec grandes marges.

637 **Le Brun** (D'ap.). Le charme de la liberté ou l'Amour vaincu ; la Liberté perdue ou l'Amour couronné. 2 p. faisant pendant, par Dambrun. Belles épr.

638 — L'Épouse mal gardée ou le Mariage à la mode, par Dambrun. Belle épr. avec marges.

639 — La Toilette de la mariée ou le jour désiré. Belle épr. avec marges.

640 — L'Intrigue découverte ; la Sollicitation amoureuse. 2 p. par Le Beau. Belles épr.

641 **Le Brun** et **Queverdo** (D'ap.). L'Ecole de l'amour ; l'Intrigue découverte ; la Déclaration d'amour ; la Toilette de la mariée ; les Délices du printemps ; les Travaux de l'été. 6 p.

642 **Le Brun**, **Queverdo** et autres (D'ap.). Le Maître de musique ; le Prélude ; le Joueur de quilles ; les Admirateurs de la nature ; l'Occasion favorable ; L'agréable Surprise. 6 p.

643 **Le Brun**, **Binet**, **Queverdo**. L'Ecole de l'amour ; la Solitude agréable ; le Plaisir de la pêche ; les Baigneuses champêtres ; les Amours du bocage ; l'Intrigue découverte. 6 p.

644 **Le Brun** (D'ap. Mme). La Tendresse maternelle (c'est le portrait de Mme Lebrun et de sa fille), par par Avril. Belle épr. avec marge.

645 **Le Clerc** (D'ap.). Sujets de la vie de l'Enfant prodigue, par Basan, Moitte et Gaillard. 6 p. Belles épr. avec marges.

646 **Le Clerc**, **Lawrince**, **Challe** et autres (D'ap.) Sujets gracieux : l'heureux Esclave ; Valmont ; la Tendre amitié ; le Réfractaire amoureux ; le Bât ; les Pétards ; la Pudeur en défaut ; la Serrure, etc. 14 p.

647 **Le Gendre** (D'ap.). La jeune Sultane pinçant de la harpe (Mlle d'Hannetaire), par Corbutt.

648 **Le Prince** (D'ap.). Le Marchand de lunettes, par Helman. Belle épr.

649 **Le Prince, Van Loo** et autres (D'ap.). L'amour des fleurs ; l'Amour du travail ; la Conversation et la Lecture espagnole, etc. 16 p.

650 **Le Roy, Borel** et autres (D'ap.). Ariane; l'Abandon voluptueux ; la Curieuse indiscrète ; la Chute inévitable ; l'Écueil de la sagesse. 6 p.

651 **Mallet** (D'ap.). Les bonnes Amies ; l'Amour entre deux jeunes femmes. 2 p. Belles épr. avant la lettre.

652 — Les deux amies, par Copia. Epreuve avant la lettre.

653 **Marillier** (D'ap.). L'agréable Suprise. 2 épr. avant la lettre et à l'eau-forte.

654 **Moitte** (D'ap.). L'Écueil de l'innocence ; le Consommé. 2 p. par Deny.

655 **Monnet** (D'ap.). Salmacis et Hermaphrodite, par Vidal. Très-belle épr. avant la lettre.

656 — Salmacis et Hermaphrodite ; Renaud et Armide; Memnon ou l'écueil du sage. 4 p., par Vidal.

657 **Monnet, Le Clerc, Boilly** et autres. (D'ap.). Allégorie sur la France ; le Monarque bienfaisant ; la Géographie ; la Danse, etc. 18 p.

658 **Moreau** (J.-M. le Jeune, d'ap.). La grande Toilette, par Romanet. Très-belle épreuve avant la lettre.

659 — Le vraj Bonheur, par Simonet. Epreuve avec A. P. D. R.

660 — Le Festin royal ; le Bal masqué. 2 p. Belles épr.

661 **Mouchet** (A Paris, chez). L'Illusion. Pièce gracieuse représentant une femme endormie. 2 épr. coloriée et en noir.

662 **Natoire** (D'ap.). Les quatre Eléments, par Aveline. 4 p. Belles épr.

663 **Pater** (D'ap.). Marche comique, par Ravenet. Belle épr. avec marge.

664 **Parrocel, Aveline, Le Barbier** et autres (D'ap.). Les Sens ; le Matin et le Midi, etc. 12 p.

665 **Queverdo** (D'ap.). Le Sommeil interrompu, par Dambrun. Très-belle épr.

666 — Les Aveux sincères ou les accords de mariage ; le Coucher de la mariée. 2 p. faisant pendant.

667 **Queverdo, Latinville** et autres (D'ap.). La Fille surprise ; la Pudeur ; l'Amusement de l'enfance ; Invocation à l'Amour ; Hony soit qui mal y pense. 5 p.

668 **Queverdo, Desrais, Eisen** et autres (D'ap.). Sujets sur l'amour ; Marton et Roxelane, d'ap. Baudouin ; le Bal masqué ; Sujets champêtres ; Offrande à Vénus ; le Modèle enchanteur, 14 p.

669 **Queverdo, Eisen** et autres (D'ap.). Les quatre Saisons ; le Modèle enchanteur ; le Repas du matin ; l'agréable Moment ; l'agréable Surprise, etc. 12 p.

670 **Ransonnete.** Le Rival séducteur ; l'Amant vengé. *A Paris, chez l'auteur, place Maubert.* etc. Deux pièces de l'époque Louis XV.

671 **Raoux** (D'ap.). Angélique et Médor, par de Launay. Belle épr. avant la dédicace, avec toutes marges.

672 **Raoux, Jeaurat** et autres (D'ap.). Offrande à Priape ; la Lecture ; le Sultan galant, etc. 10 p.

673 **Regnault** (N.-F.). La Nuit, gracieuse composition représentant une jeune femme endormie. Belle épr. avec toutes marges.

674 **Saint-Aubin** (Aug. de). Comptez sur mes serments! Au moins soyez discret. 2 p. faisant pendant. Très-belles épr. à toutes marges.

675 — Jupiter et Léda, d'après Paul Véronèse. Belle épr.

676 **Scheneau** et **Wille** fils (D'ap.) La bonne Amitié ; l'Espérance au hasard ; la double Récompense du mérite, 3 p.

677 **Scheneau, Wille** fils et autres (D'ap.). Le Perroquet mignon ; les premiers pas de l'Enfance ; la Mère qui intercède ; la Leçon de botanique, etc. 12 p.

678 **Theolon.** Jupiter et Léda, par J. Marchand. Sujet gracieux, de forme ovale.

679 **Trinquesse** (D'ap.). L'Irrésolution ou la Confidence, par Pierron. Très-belle épr. avec grandes marges.

680 **Van Loo** (D'ap.). La Sultane, par Beauvarlet. Très-belle épr.

681 **Vleughels,** (d'ap.). Les quatre éléments; Les quatre saisons. 8 p.

682 **Watteau,** (Ant.). La Troupe italienne. Ep. avec l'adresse de Sirois.

683 La Diseuse d'aventure, pas L. Cars. Rare et très-belle épreuve avant la lettre.

684 — Le Jaloux, par G. Scotin. Belle ép.

685 — Voulez-vous triompher des belles?... Débitez-leur des bagatelles, etc., par Thomassin. Belle ép.

686 — Les Plaisirs, pastorale, par N. Tardieu. Très-belle ép. avec marges.

687 — L'Occupation selon l'âge, par Dupuis. Très-belle ép. avec marge.

688 — L'Amour au Théâtre Italien, par C. N. Cochin. Deux ép. à l'eau-forte et avec la lettre.

689 — Le Concert champêtre, par B. Audran. Belle épreuve.

690 — L'Ille de Cithère, par de Larmessin. Belle ép. avec marges.

691 — L'Amour au Théâtre français, par C. N. Cochin. Belle ép.

692 — Fêtes au dieu Pan, par Aubert. Belle ép.

693 — Les Amusements Italiens, gravé par Ransonnette. Belle ép. Rare.

694 — Les Agréments de l'Eté, par Joulin.

695 — Alte, par Moyreau; Camp volant, par N. Cochin. Deux pièces. Belles ép. avec marges.

696 — Camp volant; Retour de campagne, 2 p.

697 — L'Aventurière; La Sérénade italienne; Les Agréments de l'Eté etc. 6 p.

698 — Grandes Arabesques en hauteur. 6 p.

699 — Fêtes vénitiennes; La Cascade; L'Emploi du bel âge etc. 28 p.

700 — Différents sujets et Costumes par Huquier et autres. 31 p.

701 — Différentes petites compositions. 22 p.

702 **Wateau** et **Pater**, (d'ap.). Diane au bain; L'Essai du bain; L'Amour et le badinage; La Danse etc. 6 p.

703 **Wille** fils, (d'ap.). Amusement du jeune âge, par Chevillet. Belle ép. avec marges.

704 — Le Temps perdu; Les Conseils maternels; Le Petit marchand d'oranges; Mort de Cléopâtre. 4 p.

705 — Eaux-fortes dont Mlle Sallé, la Comédie, etc. 6 p.

706 — Les trente-deux Filles, dans l'allée des soupirs, pièce curieuse pour les costumes et les coiffures du temps de Louis XVI.

707 — Costumes d'hommes et femmes du temps de Louis XVI, par Leclerc et Desrais. 20 p.

PIÈCES IMPRIMÉES EN COULEUR

CARICATURES SUR LES INCROYABLES ET VIGNETTES.

708 **Boilly**, (d'ap.). On la tire aujourd'hui; La douce résistance. 2 p. par Tresca, avec marges.

709 — La Solitude; La Jarretière; La Jardinière. 3 p. par Tresca, avec marges.

710 **Borel** (D'après). Il était temps, par Hemery.

711 — Le Bain interrompu; La Circassienne à l'encan. 2 p. par Levaillé.

712 **Bosio**, (d'ap.). Bal de société. Belle ép. avec marges.

713 **Bonnet**, F. (d'ap.). Jeune Femme nue assise sur son lit, d'ap. Boucher. Rare ép. avant la draperie.

714 — Le Bain, d'ap. Jollain; Le Déjeuné. 2 p.

715 — Vénus au bain; Diane au bain; Deux sujets faisant pendant, d'ap. Beaufort.

716 — Vénus aux Colombes; Repos de Vénus. 2 p. d'ap. le même à la manière des trois crayons.

717 — Vénus aux Colombes; Repos de Venus; Sommeil de Vénus. 3 p. d'ap. Boucher à la manière des trois crayons.

718 — Bustes de jeunes femmes. 5 p.

719 — Bustes de jeunes filles. 3 p.

720 — Bustes de jeunes filles. 4 p. à la manière des trois crayons d'ap. Boucher.

721 — Le Jeu de Domino; La servante justifiée; Vénus et l'Amour etc. 6 p. d'après Huet et Leclerc.

722 — La Servante justifiée; Le Faucon; La Bergère des Alpes etc. 5 p. d'après Huet.

723 — Académies de femmes nues, d'ap. Lagrenée. 12 p.

724 **Bonnet** et **Demarteau**. Jeux d'enfants; La Bergère et l'Amour; Sujets champêtres etc. 17 p. d'ap. Huet, à la manière des trois crayons.

725 — Bustes de jeunes filles; La Ferme; Amours vendangeurs. 4 p. d'ap. Boucher.

726 — Mère et son enfant; Têtes de jeunes filles. 6 p. à la manière des trois crayons, d'ap. Boucher.

727 **Bonnet** et autres. Jeune femme assise; La Danse; Plaisirs de la solitude; L'Amant pressant: L'Amant écouté. 5 p.

728 — Petits sujets gracieux. 7 p.

729 **Boucher** F. (d'ap.). Buste de jeune fille ayant une rose à la poitrine, par Bonnet, à la manière du pastel.

730 — Têtes de jeunes filles. 4 p.

731 **Chapuy, Janinet** et autres. Les Amusements champêtres; La jolie nourrice, offrande à l'Amour etc. 8 p.

732 **Challe** (d'ap.). Jupiter et Léda; Zéphire et Flore. Deux pièces gracieuses gravées par Tilliard.

733 **D'Arcis**. Qui est là?...; La Toilette interrompue. 2 p. gracieuses.

734 **De Bucourt**. La Promenade publique. Épreuve rognée.

735 — La Noce au château. Belle épreuve.

736 — Annette et Lubin. Belle épreuve.

737 — Almanach national de 1791. Dédié aux amis de la Constitution. Au bas sont deux groupes de personnages s'entretenant de la Révolution. Très-rare.

738 — Les Aveugles; Route de Naples; Route du marché; Il n'y a pas de feu sans fumée; Chacun son tour. 5 p. d'ap. C. Vernet.

739 — Route de Naples; Route des champs; Le Marchand de chevaux normands: Le Joueur de Cornemuse. 4 p. avec toutes marges.

740 — L'Heureuse famille. Belle ép.

741 — Minet aux aguets. Jolie composition de forme ovale.

742 — La Rose mal défendue. Belle ép. avec marges.

743 — Le même sujet en petit format, par Bonnemain.

744 — Le Songe réalisé.

745 — La Bénédiction paternelle ou le départ de la mariée. Belle ép. avec marges.

746 — Jouis tendre Mère; Ils sont heureux; Oui son arrivée fera notre bonheur. 3 p.

747 — Les petits messieurs; L'Orange; Les Galants surannés; Le Gourmand; Oh! c'est bien ça; Ils sont heureux. 6 p.

Ces neuf derniers numéros sont non coloriés.

748 **De Longueil.** Les Dons imprudents; Le Retour à la vertu. 2 jolis sujets faisant pendant. Belles ép. avec marges.

749 **Demarteau.** Trois sujets de Vénus couchée d'ap. Boucher.

750 — Vénus au repos; Vénus assise; Vénus couchée. 3 p. d'ap. Boucher.

751 — Vénus au repos; Le Sommeil d'Annette; La Danse allemande. 3 p. d'ap. Boucher.

752 — L'Autel de l'Amitié; Jeune fille couronnée; Femme nue debout. 3 p. par Demarteau.

753 — Jupiter et Léda; Vénus et l'Amour; L'Oiseau envolé; Le Chat chéri; L'Amour pleurant. 5 p. à la manière des trois crayons, d'ap. Boucher.

754 — Vénus assise, Vénus couchée; Femme nue debout; Autel de l'amitié. 4 p. d'ap. Boucher.

755 — Sujets de Mères avec enfants. 10 p. d'ap. Boucher.

756 — Mêmes sujets. 12 p. par les mêmes.

757 — Bustes de jeunes filles. 9 jolies p. d'ap. Boucher.

758 — Etudes de têtes de jeunes filles. 9 p. d'ap. Boucher.

759 — La Pourvoyeuse; La jeune mère villageoise, etc. 12 p. d'ap. Boucher.

760 — Sujets d'Enfants etc. 17 p. d'ap. Boucher.

761 — Jupiter et Danaé; Vénus et l'Amour; Nymphe endormie; Offrande au Dieu Pan; 4 p. d'ap. Huet et Carême.

762 — Différentes études de têtes. 12 p. d'ap. Huet et Le Prince.

763 — **Demarteau** et **Bonnet**. Différents sujets d'enfants. 12 p. d'ap. Boucher.

764 **Hubert-Robert.** Ruines, par Janinet. 2 p.

765 **Huet**, (d'ap.). Les Grâces et les Amours, par Léveillé.

766 — L'Amant pressant; L'Amant écouté. 2 p. par Legrand.

767 — Le Maître de Musique; Le Maître de Dessin 2 p. faisant pendant.

768 — L'Amour offrant des présents à Ariane; Offrande présentée par l'Amour à la fidélité. 2 p. par Bonnet.

769 — Les adieux du Fermier; L'arrivée de la Fermière; Le Goûter champêtre. 3 p.

770 La belle toilette; L'heureux Chat; Ce qui est bon à prendre est bon à garder. 3 p. par Bonnet.

771 — Bustes de jeunes femmes. 4 p.

772 — Ruines de l'entrée du Colysée; Ruines de l'entrée du palais de Néron près de Rome. 2 p. par Demarteau.

773 **Huet, Mallet** et **Coypel**, (d'ap.). Silence de Vénus; L'Amour offrant des présents à Ariane; Zéphir et Flore; L'Instinct de la Musique. 8 p. par Bonnet et Marin.

774 **Janinet.** Nina, d'ap. Hoin. Belle ép.

775 — Vénus désarmant l'Amour; Vénus avec l'Amour. 2 p. d'ap. Charlier.

776 — Le Repas des Moissonneurs; La Noce de village. 2 p. d'ap. Wille fils. Belles ép.

777 **Janinet** et **Marin.** Le Panier de fleurs; La jeune fille jouant aux cartes; La Lecture etc. 4 p.

778 **Janinet, Bonnet, Marin** et autres. Bustes et têtes de jeunes femmes, d'après Baudouin, Huet et autres. 12 p.

779 **Lawrince**, (d'ap.). L'Aveu difficile, par Janinet. Très belle ép. avant la lettre.

780 Le même sujet. Ep. avec la lettre.

781 — La Comparaison, par Janinet. Belle ép.

782 — L'Aveu difficile, par Janinet. Belle ép.

783 — Le Café, par Vidal. Belle ép.

784 — *Ah! laisse-moi donc voir*, par Janinet.

785 **Le Barbier** l'aîné (D'après). Age d'or; Age d'argent. 2 pièces par Aug. Léveillé.

786 **Le Barbier** et **Hubert-Robert** (D'après). Ruines de monuments de Rome; les Petits Savoyards. 4 pièces.

787 **Le Brun** et **Queverdo** (D'après). Les Éléments; la Peinture; les Sens, etc. 10 pièces.

788 **Le Clerc** (D'après). Le Jeu de domino; le Jeu de dames. Deux sujets à la manière de la sanguine, par Bonnet.

789 **Le Clerc** et autres (D'après). Bustes de femmes. 16 pièces par Demarteau et Bonnet.

790 **Le Prince** (D'après). Les Plaisirs de la solitude; le Déjeuné. 4 pièces par L. Marin.

791 Costumes de jeunes femmes. 8 pièces par Bonnet et Demarteau.

792 **Lecœur**. Néant à la requête. Belle ép.

793 **Marin** (L.). L'Espoir d'un heureux jour; la Contemplation, etc. 4 pièces.

794 **Taunay** (D'après). Fête de village; la Rixe. 2 p.

795 **Vangoorp.** Le Déjeuner de Fanfan, par Malles. Belle ép. avant la lettre.

— Le même sujet. Ep. avec la lettre.

796 **Wille** (P.-A. D'après). Les Deux bo tons; le Miroir consulté. Deux sujets de forme ovale, par Vidal.

797 Un lot de 10 pièces sujets galants, d'après Mallet, Huet et autres.

798 Le Bastringue, ou la folie du jour. Curieuse scène de mœurs sous le Directoire. Rare.

799 **Godefroy**. Le Thé parisien, d'après F.-J. Harriet. Ep. non coloriée.

800 Ah! quelle antiquité!!! Oh! quelle folie que la nouveauté.... ou Discussion des costumes incroyables avec ceux du règne de Louis XVI. Rare.

801 Hélas! de vous à moi, telle est la différence!!! C'est incroyable. Ep. tirée en couleur.

802. Les Merveilleuses, d'après C. Vernet.

803 Le Retour incroyable et la Précaution merveilleuse.

804 Les Croyables au Pérou. Ep. tirée en couleur.

805 Les Payables. Rare.

806 Le Riche du jour ou le Prêteur sur gages.

807 La Science du jour.

808 Les Croyables au Pérou ; La Danse des croyables du temps passé. 2 p.

809 Aristide et Brise-Scellé ; la Pièce curieuse, d'après Boilly. 2 p.

810 Le Contraste ; l'Observatrice au boulevart de Coblenz. Deux pièces d'après Leclerc.

811 L'Oracle consulté, par Guyard ; Ah ! qu'il est donc drôle ! Hai ! dis donc, ma lorgnette te fait peur ? 2 p.

812 La Rencontre des incroyables ; la Rencontre des merveilleuses, d'après Bunbiry, par Ruotte.

813 Point de convention ; la Folie du jour. 2 p.

814 Les Croyables au tripot ; les Croyables actifs du palais ci-devant Royal. 2 p.

815 Les Croyables au Pérou ; les Incroyables. 2 pièces d'après Vernet.

816 L'Inconvénient des perruques ; l'Anglomane ; Monsieur Dosainville. 3 pièces d'après C. Vernet par Darcis.

817 Première réquisition des deux genres ; George se dépite et signe enfin la paix générale ; Monsieur Dosainville, d'après C. Vernet. 3 p.

818 L'Inconvénient des perruques ; l'Anglomane ; la Machine infernale ; l'Anarchiste ; la Folie du jour ; Bœuf à la mode ; Retour incroyable ; le Maréchal ferrant de la Vendée. 9 p.

819 Costumes de femmes, du Directoire et de l'Empire. 66 p.

820 Le Bon genre ; le Bon ton ; Caricatures parisiennes. 82 p.

821 Charges et caricatures sur les Anglais à Paris, de l'Empire et de la Restauration. 100 p.

822 Caricatures politiques sur les souverains alliés en 1815. 18 pièces coloriées.

823 Un lot de 150 Caricatures et Costumes du Directoire et de l'Empire.

824 **Gavarni**. Album de la correctionnelle, illustré de 30 dessins par Gavarni.

825 — Les Grisettes ; Bals de Paris ; Physionomies, etc. 100 p.

826 — Masques et visages ; Les maris me font toujours rire. 10 p.

827 **Grandville.** Scènes de la vie privée des animaux ; Fables de La Fontaine, etc. 150 p.

828 Sujets tirés du journal la *Caricature* par Traviès, Philippon et Grandville. 60 p.

829 **Duplessis-Bertaux.** Vignettes pour le Gil-Blas publié par Chaigneau. 29 pièces à l'eau-forte.

830 **Eisen.** Vignettes et culs-de-lampes. 100 p.

831 **Gravelot.** Vignettes pour le Décaméron de Boccace. 120 p.

832 — Un lot de 130 Vignettes pour Boccace et autres.

833 **Marillier**. 90 Vignettes.

834 **Monnet**. 133 Vignettes avant et avec la lettre.

835 **Moreau**. 64 Vignettes avant et avec la lettre.

836 Un lot de 150 Vignettes d'après Moreau, Marillier et Eisen.

837 **Voltaire**. 134 Vignettes d'après Moreau et Chasselat.

838 Un lot de 120 Vignettes d'après Moreau, Monsiau et Queverdo.

839 Un lot de 100 Vignettes par B. Picard et autres.

840 Vignettes et petits sujets gracieux du temps de Louis XIV. 27 p.

841 Un lot de 16 pièces. Sujets divers du XVIIIe siècle.

842 Sous ce numéro, il sera vendu, à la fin de chaque vacation, une quantité considérable d'estampes anciennes de toutes les écoles; estampes encadrées et portraits.

DESSINS

843 Sous ce numéro seront vendus plusieurs lots de dessins anciens, principalement de l'Ecole française, dont deux petits sujets au bistre, par Gravelot; un intérieur de cabaret à l'aquarelle, par Eisen, etc.

AUTOGRAPHES

844 Souverains français : Charles IX; Charles, cardinal de Bourbon; Henri IV (2 p.); Léonor d'Orléans; Marguerite de Parme; Louis XV (7 p.); duc d'Orléans, Philippe Égalité et Napoléon Ier (2 p.). 18 p.

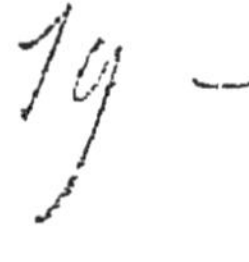

845 Conventionnels, 36 p. dont : Merlin de Thionville; Leblanc; Boudin; Bourdon de l'Oise; Dulaure; Carnot; Fleury; Faure; Guffroy; Godefroi; Isoré; Haumont; Hourieu; Pons; Saint-Just; Piorry; Casenave; Lebon; Lautereau, etc.

846 Généraux de la République et de l'Empire. 57 p., dont : Masséna, duc de Broglie; Lespinasse; Macdonald; Moreau; Lemoine; Gribeauval; De Caën; Moncey, duc d'Albuféra; Salme; Baraguet d'Hilliers; Soult; duc de Richelieu; Loison; d'Haupoult; Bourcier; Molitor; Hoche.

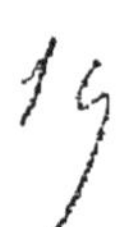

847 Autographes divers. 69 p., dont : Fouché, duc d'Otrante; Cochon; d'Aligre, comte de Caze; prince de Montbarey; Ledru Rollin; J. Laffitte; le duc de Choiseul; duc d'Aiguillon; L. de Narbonne; Louis-Philippe; Thiers; prince de Polignac; Chaptal; Garat; duc de Richelieu; duc de Feltre; Merlin de Douay; Rabaut Saint-Etienne; Larevellière-Lépeaux et autres conventionnels.

848 Mme Lafarge; Lucien Bonaparte; Louis Bonaparte; Monseigneur Affre; Fieschi; Peyronnet; Considérant; Berryer et Lamartine. 9 p.

Renou et Maulde, imprimeurs de la Compagnie des Commissaires-Priseurs, rue de Rivoli, 144. 30783

Manque 18

534

~~537~~

www.ingramcontent.com/pod-product-compliance
Ingram Content Group UK Ltd.
Pitfield, Milton Keynes, MK11 3LW, UK
UKHW020355180726
13839UKWH00003B/1121

9 782329 076508